반도체 주가는 왜 실적과 반대로 갈까?

반도체
주가는 왜
실적과 반대로
갈까?

초판 1쇄 인쇄 2022년 9월 15일
초판 1쇄 발행 2022년 9월 22일

지은이 송명섭

발행인 장상진
발행처 (주)경향비피
등록번호 제2012-000228호
등록일자 2012년 7월 2일

주소 서울시 영등포구 양평동 2가 37-1번지 동아프라임밸리 507-508호
전화 1644-5613 | **팩스** 02) 304-5613

ISBN 978-89-6952-519-2 03320

이 책을 읽으면 반도체 주식 투자가 쉬워진다!

반 도 체   주 가 의   비 밀

반도체 주가는 왜 실적과 반대로 갈까?

송명섭 지음

경향BP

반도체 주식 투자는
왜 이리 어려울까?

2022년 7월 1일 삼성전자의 주가는 56,200원, SK하이닉스의 주가는 87,500원을 기록했습니다. 2021년 초 고점이었던 96,800원과 150,500원 대비 양 사 주가는 무려 42%씩 하락한 것이죠.

반도체 업황이 슈퍼사이클에 진입했으며 특히 삼성전자는 그냥 장기 보유만 하면 무조건 수익이 날 수밖에 없다는 전문가들의 조언을 믿고 양 사 주식을 2021년 초부터 보유하고 있는 투자자들은 참 힘든 시간을 보냈을 겁니다. 그리고 "반도체 주식 투자는 왜 이렇게 어려울까?"라는 생각이 들었을 것입니다.

2021년 초만 해도 반도체 가격은 매일 상승했고, 반도체 업체들의 실적은 애널리스트들의 전망치를 연속해서 크게 상회했습니다. 그런데도 반도체 주가는 반도체 가격 상승 및 좋은 실적과 상관없이 2021년 3월부터 하락을 시작했으니 정말 이해가 잘 안 가는 일이었죠. 사실 금융 시장의 전문가라는 애널리스트들, 펀드매니저들에게도 당시의 반도체 주가 하락은 상당히 당혹스러운 일이었습니다.

그런데 알고 보면 이러한 이상한 주가 움직임은 반도체 주가의 역사를 보면 자주 일어나는 일이고 분명한 발생 이유가 있습니다. 사이클 산업인 반도체 업황의 고유한 특성, 경기선행지표들과 반도체 업황의 선후행 관계, 밸류에이션(Valuation) 배수가 반도체 주가에 미치는 강력한 영향 등을 잘 이해하면 충분히 대응할 수 있는 일이기도 합니다.

한국에서 주식 투자를 할 계획이라면 삼성전자, SK하이닉스 주가에 대한 이해는 꼭 필요합니다. 한국을 대표하는 대형 우량주로서 시가총액 최상위 주식들인 데다 반도체 산업은 장기적으로 보면 성장이 이어질 것이니까요. 이미 기관 투자자, 외국인 투자자들뿐 아니라 수많은 개인 투자자들이 양 사의 주식을 보유하고 있는 상황입니다.

사이클 산업인 반도체 업황의 고유한 특성, 경기선행지표들과 반도체 업황의 선·후행 관계, 밸류에이션 배수가 반도체 주가에 미치는 강력한 영향을 고려하여 2023년 1분기 말 이전에 반도체 주가의 추세적 상승이 나타날 것으로 예상합니다. 그러나 이 책에서는 이러한 단기적인 주가 전망이나 복잡한 기술 트렌드보다는 장기적으로 반도체 주식 투자를 할 때 실질적으로 도움이 될 수 있는 원칙과 내용을 주로 제시하고자 합니다.

이 책의 주요 내용은 반도체 주식 투자가 어려운 이유, 반도체 주식 투자를 하려면 반드시 알아야 할 반도체 산업의 특징과 반도체 장비·소재 기술, 반도체 주가 판단을 위해 참고해야 할 주요 경기선행지표들, 실적만 보고 반도체 주식에 투자하면 손해 볼 수밖에 없는 이유, 삼성전자와 SK하이닉스 등 반도체 주식 투자 방법, 파운드리 산업의 경쟁 현황과 전망 등입니다.

투자자들이 반도체 주식 투자를 통해서 많은 수익을 올리는 데 이 책이 실질적으로 도움이 될 수 있으면 좋겠습니다. 그리고 이제 막 애널리스트 업무를 시작한 후배들에게도 반도체 산업과 주가를 분석하는 데 조언이 되길 바랍니다.

송명섭

차 례

반도체 주식 투자, 이것만 알면 쉽다 1 ▬▬▬▬
반도체 산업의 특징

반도체 주식 투자, 이것만 알면 쉽다 2
반도체 장비·소재 기술

반도체 주식 투자, 이것만 알면 쉽다 3
경기선행지표

반도체 산업의 특징

흔히 메모리 반도체 산업은 경기민감 산업이자 사이클 산업이라고 이야기합니다. 산업 자체가 경기에 민감하고 사이클이 존재하다 보니, 이를 반영하는 한국 반도체 주가도 안정적인 상승보다는 상승과 하락이 반복되고 그 진폭도 매우 크게 나타나는 것입니다.

이번 장에서는 메모리 반도체 산업에 왜 항상 사이클이 존재할 수밖에 없는지, 그리고 어떠한 방식으로 그러한 변동에 대비해야 할지를 반도체 산업의 5가지 중요한 특성을 통해 알려 드리고자 합니다. 이 부분을 이해하면 한국 반도체 주식 투자에서 무조건적인 장기 보유보다 사이클을 감안한 투자가 훨씬 효과적이란 점을 알 수 있을 것입니다.

제가 생각하는 메모리 반도체 산업의 중요한 5가지 특징은 다음과 같습니다.
1. 성숙 산업
2. 범용 제품(Commodity) 산업
3. 자본 집약적(Capital Intensive) 산업
4. 전형적인 사이클 산업
5. 배추 농사와 유사한 산업

메모리 반도체는
성숙 산업이다

대표적인 메모리 반도체 제품에는 DRAM과 NAND가 있습니다. DRAM은 주로 PC, 스마트폰, 서버(Server) 등에서 일시적으로 기억을 저장하여, 프로세서(Processor)와 영구 기억 장치(HDD/SSD) 간에 불필요한 데이터의 이동을 줄이고 속도와 효율성을 높여 주는 역할을 합니다. 반면 NAND는 HDD를 대체하여 데이터를 영구적으로 저장하는 역할을 주로 합니다. NAND를 사용한 영구 기억 저장 장치가 SDD이죠.

PC로 작업을 하다가 갑자기 전원이 꺼지면 작업 중이던 문서의 데이터가 모두 사라지는데 이것은 그 데이터들이 일시적으로 DRAM에 저장되기 때문입니다. 작업하다가 저장하기 버튼을 누르면 데이터들이 모두 NAND에 영구적으로 남기 때문에 전원이 꺼져도 지워지지 않습니다. 스마트폰으로 사진을 찍으면 그 데이터 역시 NAND에 저장되므로 스마트폰의 전원을 꺼도 사진은 남습니다. 이렇게 일시적 또는 영구적으로 데이터를 저장하는 것이 메모리 반도체가 하는 일입니다.

저는 메모리 반도체가 산업의 라이프 사이클에서 급성장의 시기는 지났고 아직 쇠퇴 시기에는 이르지 않은 단계, 즉 성숙 단계에 위치하고 있다고 생각합니다. 많은 분이 급성상 시기를 시났다고 하는 제 말에 이의를 표할 수도 있겠습니다. 서버나 자율 주행, AI 부문 등에서 메모리 반도체가 빠르게 성장할 것이라는 말을 워낙 많이 들었을 테니까요.

역사적으로 메모리 반도체의 수요를 이끌어 온 가장 중요한 IT 제품들을 시기상으로 분류해 보면 Windows95가 등장한 1995년부터 PC 시대, 애플 아이폰이 출시된 2007년부터 스마트폰 시대, 구글·아마존 등 빅테크(Big Tech) 업체들의 데이터 센터 건설이 본격화된 2016년부터 서버 시대로 구분할 수 있습니다. 그럼 이러한 시기별로 DRAM의 출하 증가율, 즉 수요 성장률은 어떻게 변화해 왔을까요?

세계반도체협회(WSTS)에 따르면 DRAM의 시기별 연평균 수요 성장률은 PC 시대에 62%, 스마트폰 시대에 41%, 서버 시대에 24%로 점차 낮아지고 있음을 알 수 있습니다(그림 1 참조). 이러한 수요 성장률의 하락은 새로운 IT 기기의 성장이 시작되면 이전 세대의 수요를 이끌었던 IT 기기의 성장률은 반대로 하락하기 때문입니다. 따라서 DRAM의 수요 성장률은 이미 최고점을 지나 하락하고 있으므로 급성장 단계라기보다는 성숙 단계에 있는 것으로 보는 것이 적절하겠습니다.

그림 1_DRAM 수요의 전년 대비 증감률

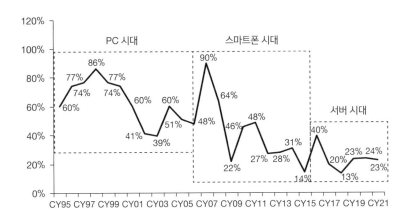

자료: WSTS

NAND의 경우에는 서버 시대의 평균 수요 성장률이 36%로 스마트폰 시대의 86%에서 하락 중입니다. 다만 상대적으로 시장이 형성된 지 얼마 안 되었으므로 DRAM보다는 높은 성장률을 나타내고 있습니다.

그러면 메모리 반도체는 수요 성장률이 하락하고 있는 성숙 산업이니까 미래가 불투명하고, 업황과 업체들의 실적이 나빠질 일만 남은 것일까요? 꼭 그렇지만은 않습니다. 왜냐하면 수요 성장이 둔화되는 동안 수많은 업체가 퇴출되고 현재는 몇 개의 업체만 남아 과실을 따 먹는 시장이 되었거든요.

1990년대 초·중반에는 전 세계에서 DRAM을 생산하는 업체 수가 20여 개가 넘었고, 미국·일본·독일·한국·대만의 회사들이 이전투구를 벌이는 시장 환경이었습니다. 즉 수요가 매우 빠르게 증가하지만 공급자가 너무 많아 공급도 빠르게 늘어나는 상황이었던 것이죠.

이러한 시장의 특징은 수요가 좋을 때는 업황이 너무 좋고, 수요가 나쁠 때는 업황이 극도로 나쁜 사이클이 장기간 나타난다는 것입니다. 그래서 당시에는 반도체 업황 사이클의 길이가 평균 4년으로 매우 길어서 올림픽 사이클이라고 불렸고, 업체들의 분기 이익도 엄청난 흑자였다가 조 단위의 적자로 빠르게 전환되기도 했습니다.

장기적으로 삼성전자만 이익을 남기는 어려운 시장 환경 속에서 미국 업체들 중에서는 Micron Technology만 살아남았고, 일본 업체들은 Elpida로 통폐합되었다가 Micron에 인수되었습니다. 독일의 Qimonda는 2009년에 파산했고, 대만의 여러 업체도 DRAM 사업을 접고 이제 Nanya, Winbond 등 소규모 업체만 남아 있는 상황이 되었습니다. 한국 업체들도 삼성전자, 현대전자, LG반도체의 3개 사에서 현대전자와 LG반도체가 합병을 통해 간신히 살아남은 후 SK그룹에 인수되면서 삼성전자와 SK하이닉스의 2개 사로 축소되었습니다.

현재 DRAM 시장에는 삼성전자, SK하이닉스, Micron의 대형 3사와 대만의 Nanya, Winbond, 중국의 신생 업체 ChangXin Memory Technologies(CXMT) 소규모 업체 3사만 존재합니다. 대형 3사의 시장 점유율이 95%에 달하니 사실상 3개 업체가 좌지우지하는 시장이 된 것이죠.

그러니 천천히 성장하는 시장에서도 반도체 업체들은 과거보다 더 안정적인 이익을 남기게 된 것입니다. 수요와 공급 증가율이 과거보다 모두 낮아져 공급 과잉 또는 부족의 정도와 기간도 이전보다 많이 축소되었습니다. 이것이 최근 반도체 업황 사이클이 평균 2년 정도로 많이 짧아진 원인입니다.

지금까지 설명한 내용에서 여러분이 기억할 것은, 메모리 반도체 업체들이 경쟁 완화로 과거보다 훨씬 안정적이고 많은 이익을 내고 있지만 여전히 수요 증가율이 하락하고 있는 성숙 산업의 특성을 가지고 있다는 점입니다. 이것으로 메모리 반도체 업체들이 비메모리 반도체 업체들보다 낮은 밸류에이션 배수를 받고 있는 점이 일부 설명됩니다. 밸류에이션 배수는 향후 경기나 해당 산업, 해당 회사의 성장성이 높게 평가될수록 상승하는 것이기 때문입니다.

메모리 반도체는
범용 제품 산업이다

범용 제품(Commodity)은 개별 수요처에 따라 필요한 특성이 크게 다르지 않은 대량 생산 제품을 의미합니다. 반대 개념의 제품으로는 고객사의 요청에 따라 반도체의 특성을 맞춰 주는 ASIC(Application-specific integrated circuit)이라는 비메모리 반도체가 대표적입니다. 최근 구글, 아마존 등 빅테크 업체들이 자신들의 사업 환경에 딱 맞는 ASIC 반도체를 스스로 만들어 내기 시작했습니다.

메모리 반도체의 경우 최근 들어 일부 제품에서 고객의 요구에 맞게 사양이 약간씩 변화되는 추세입니다만, 아직은 대부분의 제품이 JEDEC(Joint Electron Device Engineering Council)이라는 기구에서 정하는 규격에 따라 생산됩니다. 이해하기 쉽게 말하자면, 여러분의 PC를 열어 보면 삼성전자나 SK하이닉스가 생산한 DRAM 모듈(Module)이 장착되어 있을 텐데, 그것 대신 Micron이나 대만 업체에서 동일 규격으로 생산한 DRAM을 꽂아도 PC는 잘 돌아간다는 것입니다.

범용 제품의 특징 중 하나는 단기적인 부침이 있고 장기적으로 보면 가격이 하락 추세에 있다는 점입니다. 그림 2를 보면 2000년부터 20년간 DRAM 가격이 연평균 19%씩 하락했음을 알 수 있습니다. 물론 앞서 말한 바와 같이, 2010년부터는 공급자 수의 감소에 따라 연간 가격의 평균 낙폭이 12%로 축소되기는 했지만 여전히 장기적인 가격의 하락 추세가 이어지는 상황입니다.

그림 2_DRAM 가격의 변동

자료: WSTS

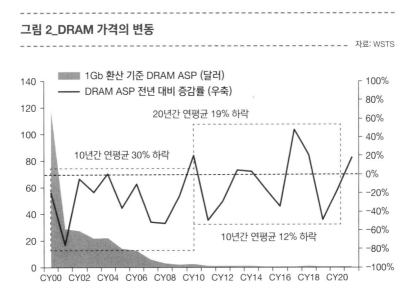

범용 제품인 메모리 반도체의 가격이 장기적으로 하락한다는 것을 알고 있는 생산 업체의 입장에서는 이익을 내기 위해 가장 중요하게 생각하는 점이 무엇일까요? 바로 원가 절감입니다. 반도체 업체가 이익을 꾸준히 내기 위해서는 장기적으로 떨어지는 가격보다 더 빠른 속도로 원가를 낮춰야 하는 것이지요. 반도체 업체들이나 애널리스트들은 실적 발표장에서 원가 절감에 대한 언급과 질문을 빼놓지 않고 합니다. 원가 절감은 반도체 업체의 수익성과 경쟁력을 결정하는 가장 중요한 요소입니다.

반도체에서 원가 절감은 어떠한 방법으로 하는 것일까요? 반도체 생산을 위해 들어가는 비용은 일단 생산 설비가 만들어져 있다면 생산량을 늘려도 크게 올라가지 않습니다. 즉 생산 비용에서 재료비 등 변동비가 차지하는 비중이 매우 낮다는 것이죠. 그렇다면 반도체 업체들의 입장에서는 생산량을 늘리면 늘릴수록 반도체 칩 1개당 원가가 더 많이 낮아진다는 이야기가 됩니다. 그래서 반도체 산업에서는 한 회사의 생산량과 시장 점유율이 동사의 경쟁력과 밀접한 관련이 있습니다.

여기에서 여러분이 기억해야 할 것은, 메모리 반도체는 범용 제품이므로 가격이 장기적으로 하락할 수밖에 없고, 따라서 이익을 내기 위해 원가 절감과 생산량 증가가 중요하다는 점입니다.

메모리 반도체는
자본 집약적 산업이다

원가 절감을 달성하기 위해 반도체 생산량을 늘리는 방식에는 2가지가 있습니다. 신규 반도체 라인을 건설하고 그곳에서 생산량을 증가시키는 방식과, 기존 생산 설비의 미세공정을 고도화해 하나의 웨이퍼(Wafer)에서 나오는 반도체 칩의 숫자를 늘리는 방식입니다.

그런데 이 2가지 방식은 하나의 공통점을 가지고 있습니다. 어마어마한 투자 금액이 필요하다는 점입니다. 팹(Fab)이라고 불리는 메모리 반도체 생산 라인을 새롭게 만드는 데 월 10만 장 처리 규모당 DRAM은 10조 원 이상, 3D NAND는 7조 원 이상의 자본 지출(Capex)이 필요합니다. 미세공정을 전환하는 방식도 이 정도는 아니지만 기존 라인당 수조 원의 금액이 들어갑니다.

이는 반도체 장비 가격이 워낙 비싸기 때문입니다. 차세대 노광 장비인 ASML의 EUV 장비는 신제품 가격이 3,000억 원을 상회할 전망입니다. 만약 한 반도체 업체가 향후 DRAM 공정에서 5개의 층(Layer)에 EUV를 적용한다면, 월 10만 장의 설비를 구성하기 위해 EUV 장비에만 약 3조 원의 투자금액이 필요합니다. 노광 장비 외에도 증착, 이온 주입, 식각 등 핵심 공정의 장비라면 대당 가격이 몇 십억 원 수준이므로 반도체 생산을 늘리기 위해서는 엄청난 규모의 자본이 투입될 수밖에 없습니다.

이 점에서 반도체 원가의 특성이 드러납니다. 앞서 말했듯이 반도체 원가에서 재료비 등 변동비의 비중은 매우 낮습니다. 대신 장비 등에 대한 엄청난 규모의 자본 지출이 생산 개시 전에 미리 발생하다 보니, 원가에서 감가상각비와 같은 고정비의 비중이 매우 높습니다. 최근에는 메모리 반도체 칩의 매출원가에서 감가상각비의 비중이 40~50%에 달하는 것으로 보입니다.

원가에서 고정비 비중이 높다는 것은 생산량을 최대한으로 늘려야 반도체 칩당 원가를 낮출 수 있다는 이야기입니다. 즉 한 신규 라인 건설에 투입된 총 비용에 대한 감가상각비가 1,000원이라고 가정한다면, 동 라인에서 100개의 반도체를 생산할 경우에는 칩당 감가상각비가 10원입니다. 그러나 1,000개의 반도체를 생산한다면 칩당 감가상각비는 1원으로 낮아지는 것이지요. 1,000원의 감가상각비는 반도체 생산 이전에 투입된 투자 규모에 따라 이미 확정된 것이기 때문입니다. 따라서 반도체 업체들은 감가상각비가 남아 있는 반도체 라인에서 최대한 생산량을 늘려야만 하는 것이죠.

원가에서 고정비 비중이 높다는 것은 웬만한 규모의 적자가 나더라도 가동률을 낮추기 어렵다는 의미도 가지고 있습니다. 타 산업의 경우 제품 가격이 매출원가가 아니라 영업원가 밑으로만 하락한다 해도 적자 규모를 줄이기 위해 회사는 생산 설비의 가동률을 낮추고 생산량을 줄이는 것이 일반적입니다. 그러나 반도체 산업처럼 이미 투입된 고정비의 비중이 높으면 매출원가 이하로 제품 가격이 하락하더라도 현금원가(Cash Cost)를 깨지만 않는다면 회사는 생산을 계속할 수밖에 없습니다.

반도체 가격이 매출원가를 하회하지만 현금원가보다 높다는 이야기는 그 사이에 있는 감가상각비 등 고정비에는 손상이 간다는 것입니다. 그러나 고정비는 앞서 말한 것처럼 이미 투입된 비용(Sunken Cost)이므로, 현재 상황은 장부상으로만 손실이 기록될 뿐 실제로 회사에는 계속 현금이 들어옵니다. 그러므로 반도체 회사는 현금 확보를 위해 최대 규모의 생산을 지속할 수밖에 없습니다.

반도체 산업이 불황기에 진입하면 쉽게 회복되지 못하는 것은 바로 이처럼 적자가 나더라도 쉽게 생산량을 줄일 수 없는 비용 구조 때문입니다. 생산량을 가격 하락에 따라 쉽게 줄일 수 있으면 공급 과잉이 나타나더라도 바로 해소할 수 있을 테니 말입니다.

그러나 반도체 가격이 현금원가를 뚫고 내려간다면 이야기는 크게 달라집니다. 이제부터는 생산을 하면 할수록 내 손에서 현금이 나가는 상황이니 당연히 생산을 줄일 수밖에 없습니다. 그런데 반도체 업체마다 현금원가의 수준은 모두 다릅니다. 후발 업체들의 원가는 최신 미세공정을 사용하는 한국 반도체 업체들보다 최소 20% 이상 높은 경우가 일반적입니다. 그래서 가격 하락이 지속되면 후발 업체들부터 생산량을 줄이게 되고, 차차 시장의 공급이 수요보다 적어지면서 반도체 업황이 회복되는 상황이 과거에 자주 발생했던 것입니다.

　물론 최근에는 공급 업체 숫자의 축소에 따라 반도체 가격이 현금 원가까지 하락하는 상황은 거의 일어나지 않고 있습니다. 단 이 점은 기억해 둘 필요가 있습니다. 반도체 가격이 하락하면 할수록 반도체 업체들의 생산이 증가할 가능성은 낮아지고, 또 가격 하락이 수요의 증가를 이끌기도 하므로 업황 회복의 시기가 점점 가까이 다가오고 있다는 것입니다.

　여기에서 강조하고 싶었던 내용을 정리하면 다음과 같습니다.

　반도체 원가 절감을 위해서는 대규모의 자본 지출이 불가피하며 따라서 반도체 원가 중 고정비의 비중은 매우 높다. 고정비 비중이 높으므로 생산량을 최대로 늘려야 하고, 가격이 하락해도 생산량을 줄이기 어렵다. 따라서 반도체 불황은 빠른 시간 내에 회복되기 어려우나 또한 가격 낙폭이 클수록 업황 회복이 가까워졌다는 의미이다.

　이러한 점들을 안다면 왜 반도체 주식의 매수는 반도체 가격의 하락이 한참 진행 중일 때부터 시작되어야 하는지도 이해할 수 있을 것입니다.

메모리 반도체는
사이클 산업이다

　지금까지 말한 반도체의 2가지 특성, 즉 범용 제품 산업이며 자본
집약적 산업이란 점이 메모리 반도체 산업에 사이클이 나타날 수밖
에 없는 이유입니다. 저는 메모리 반도체가 사이클 산업이기 때문에
주가 전망이 어렵고, 고위험 고수익(High Risk, High Return)의 성격을
가진다고 생각합니다.

　이번에는 메모리 반도체 산업의 가장 중요한 특성인 사이클 산업
이라는 측면을 알아보도록 하겠습니다.

　메모리 반도체 업황이 아주 좋아져서 엄청난 이익이 발생하게 되
면 반도체 업체들은 어떤 생각을 하게 될까요? 물론 주주들에게 배
당도 늘리고 M&A도 시행할 수 있겠지요. 그러나 반도체 업체들의
입장에서는 그간의 경험으로 알게 된 아주 근본적인 반도체 산업의
특성을 무시할 수 없습니다. 즉 메모리 반도체는 범용 제품 산업이
라 지금은 가격이 오르지만 곧 다시 하락하게 될 것이란 점입니다.

　반도체 업체들은 반도체 가격의 하락에 대비해 항상 원가 절감 방
안을 고민합니다. 그런데 그동안 업황이 좋아 보유 현금이 크게 늘

었으니 당연히 대규모 자본 지출이 필요한 신규 라인 건설 또는 미세공정 전환을 쉽게 결정할 수 있게 되는 것입니다. 앞서 말했던 것처럼 생산을 늘려야 반도체 칩당 원가는 떨어지는 것이니까요.

그런데 문제는 이러한 생각을 한 회사만 하는 것이 아니란 점이지요. 그동안 호황 사이클에서 역시 많은 현금을 확보한 경쟁사도 똑같이 투자를 늘려서 자사의 원가를 낮추려는 노력을 한다는 것입니다. 모든 반도체 업체가 각자의 원가를 줄이기 위해 동시에 자본 지출을 늘리고 생산량을 증가시키면 결국 나타나는 현상은 업계의 전반적인 공급 증가이겠지요. 이에 따라 수요를 넘어서는 공급, 즉 공급 과잉 상황이 되면 반도체 가격이 하락하는 불황 사이클로 전환하게 되는 것입니다.

어찌 생각하면 반도체 산업은 참 아이러니합니다. 원가를 낮춰서 이익을 늘리기 위해 투자를 하고 생산량을 증가시키는데, 결국 이러한 행동이 공급 과잉과 반도체 가격 하락을 불러와 회사의 이익을 축소시키니까요. 그래서 메모리 반도체 업체들이 자본 지출을 크게 늘린다는 발표를 하면, 지금 현재 아무리 실적이 좋고 반도체 가격이 상승 중이라도 반도체 주가는 바로 약세로 전환하는 경우가 많습니다. 자본 지출을 크게 늘린다는 이야기는 시간의 문제일 뿐 향후에는 공급이 증가해 결국 업황이 나빠질 가능성이 높다는 의미이기 때문입니다.

이런 이야기에 이어서 나오는 질문은 바로 이것입니다.

"한꺼번에 투자를 늘리고 생산을 증가시키면 공급이 늘어 가격이 떨어진다는 간단한 논리를 반도체 업체들이 모를 리가 있는가? 게다가 이제 업체 숫자도 얼마 안 되니 서로 합리적으로 투자하고 이익을 나눠 갖는 암묵적 합의도 쉽게 생길 수 있을 텐데….”

물론 반도체 회사들이 이러한 간단한 논리를 모를 리는 없죠. 그러나 알면서도 어쩔 수 없이 이러한 구조에서 벗어날 수 없는 이유가 있습니다.

반도체 공급이 크게 부족한 상황에서는 고객들이 삼성전자, SK하이닉스, Micron 등 모든 반도체 업체에게 달려가 실제로 100개가 필요하더라도 150개가 필요하다며 생산을 많이 늘려 달라고 요청하게 됩니다. 물론 반도체 업체들도 과거 경험상 무모하게 투자를 늘리면 나중에 불황이 온다는 것을 알고 있습니다. 그러면 이러한 우려 때문에 경쟁사들이 고객 요청대로 생산량을 150개로 늘릴 때, 우리 회사 경영진은 늘리지 않는 것으로 결정했다고 가정해 보죠.

만약 경기 호황이나 4차 산업혁명에 따라 예상외로 수요가 계속 급증해서 경쟁사들이 대폭의 점유율 상승과 이익 증가를 향유할 때 우리 회사만 점유율이 하락하고 이익은 증가하지 않는다면 어떻게 될까요? 우리 회사가 생산량을 늘리지 않은 덕분에 반도체 수급이 더욱 좋아지고 그 과실을 경쟁사가 따먹게 된다면 우리 회사 경영진에 대한 평가는 어떻게 나올까요?

모두가 같이 생산을 증가시켜서 업황이 나빠지고 그 악영향을 모든 반도체 업체가 받게 되는 경우에는 그래도 받아들일 수 있습니다. 그러나 우리 회사의 희생으로 경쟁사들이 크게 이익을 늘리고 우리 회사와의 시장 점유율과 경쟁력의 차이를 확대하는 것은 참기 어려운 일이죠. 그래서 한 반도체 회사가 자본 지출을 증가시킨다는 발표를 하면 나머지 경쟁사들도 자본 지출을 늘릴 수밖에 없는 것입니다.

지금까지 메모리 반도체 업황이 호황 사이클에서 불황 사이클로 전환되는 과정을 설명했습니다. 그럼 이제부터는 불황 사이클에서 호황 사이클로 전환되는 과정을 살펴보겠습니다.

공급 과잉이 시작되면 재고의 증가에 따라 그동안 더 많은 물량을 달라고 아우성치던 고객들의 주문량이 갑자기 감소하게 됩니다. 그러면 반도체 가격은 하락하고 반도체 업체들의 이익도 크게 감소하게 됩니다. 현금 유입이 줄어드니 반도체 업체들은 미래를 위한 대규모 투자를 하고 싶어도 할 수가 없게 됩니다.

최근 들어 매년 수요는 10%대 초·중반에서 20%대 초·중반 수준으로 꾸준히 증가하고 있는데 불황에 따라 올해 자본 지출이 감소하게 되면 내년 반도체 공급 증가율은 하락하게 됩니다. 이러한 상황이 대략 2년 이상 이어지면, 이후 공급 증가율이 수요 증가율을 하회하는 경우가 나타나게 됩니다. 그러면 다시 반도체 수요가 공급보다 많은 공급 부족 현상이 발생하고 반도체 가격은 상승하게 됩니다. 이러한 과정을 통해 반도체 불황 사이클은 호황 사이클로 전환하게 됩니다.

과거 메모리 업황 사이클의 사례로 앞서 말한 과정을 되짚어 보겠습니다(그림 3 참조).

그림 3_DRAM 시장 규모와 자본 지출 간 관계

자료: WSTS, 각 사 자료

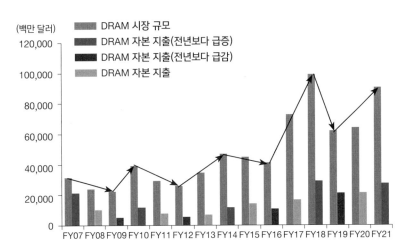

(백만 달러)

■ DRAM 시장 규모
■ DRAM 자본 지출(전년보다 급증)
■ DRAM 자본 지출(전년보다 급감)
■ DRAM 자본 지출

2007년부터의 DRAM 시장 규모, 즉 업황과 자본 지출 간 관계를 살펴보면 2007년 호황기에 시장 규모 대비 지나치게 높은 비중의 자본 지출이 발생해 이후 업황이 둔화되었음을 알 수 있습니다. 이러한 모습은 2010년, 2014년, 2018년처럼 반도체 시장이 크게 증가한 호황기에 동일하게 나타났습니다. 반면 2009년에는 업황이 나빠지면서 DRAM 자본 지출이 시장 규모 대비 크게 축소되었으며, 이는 다음 해의 업황 회복으로 이어졌습니다. 역시 동일한 모습이 업황 불황기인 2012년, 2016년, 2019년에도 발생했음을 알 수 있습니다.

이제 메모리 반도체 산업에서 호황 → 자본 지출 증가 → 불황 → 자본 지출 감소 → 호황의 사이클이 무한 반복되고, 최근 업계 과점화 현상에도 불구하고 사이클 자체는 없어지지 않는 점을 이해했을 것입니다.

그럼 메모리 반도체가 사이클 산업이란 점에서 반도체 주식 투자자로서 알아야 할 것들은 무엇일까요? 다음 몇 가지 사실을 기억하기 바랍니다.

첫째, 메모리 반도체 주식에 대한 무조건적인 장기 투자보다 업황 사이클을 이용한 매매가 훨씬 큰 수익률을 얻을 수 있다.

둘째, 메모리 반도체 업황의 업다운은 반드시 발생하는 것이므로 수요, 공급 측면에서 조그마한 변화 신호가 나오면 주가는 이를 즉시 반영한다.

셋째, 메모리 반도체 업황과 업체들의 실적은 안정적인 성장을 보여 주기보다 상승과 하락을 반복하므로 상대적으로 높은 밸류에이션 배수를 부여받기 어렵고 밸류에이션 배수 자체의 변화도 심하다.

메모리 반도체는
배추 농사와 유사한 산업이다

    메모리 반도체 산업이 배추 농사와 유사하다니, 무슨 뚱딴지같은 말이냐고 하는 사람들이 있을 것입니다. 지금부터 메모리 반도체 가격이 갖는 큰 변동성에 대해 배추 농사와 비교하여 설명하겠습니다.

    어느 해에 큰 가뭄이나 홍수가 발생하여 배추 농사가 잘 안 되었습니다. 그런데 한국인은 배추로 만드는 김치를 꼭 먹어야 하니 배추에 대한 수요는 공급이 준다고 해도 거의 감소하지 않습니다. 이는 김치를 만들 때 배추를 대체할 만한 채소가 마땅치 않기 때문입니다. 배추 대신 무로 총각김치를 만들어서 그것만 먹으면 되지 않느냐고 말할 수도 있겠지만, 배추김치와 무김치는 둘 다 한국인에게 필요한 것으로 대체할 수 있는 것이 아닙니다. 배추와 무처럼 메모리 반도체에도 DRAM과 NAND는 모두 필요한 것입니다.

    어쨌든 배추 농사를 망친 결과로 배추 공급이 감소하면 수요는 꾸준하므로 배추 가격이 급등하게 됩니다. 심지어 가격이 2~3배 이상 오르게 됩니다. 그런데 가격이 2~3배 오른다고 해서 배추 공급이 수요의 1/2~1/3은 아닙니다. 배추 공급이 조금만 모자라도 배추 가격은 대폭 상승하게 됩니다.

그런데 배추 가격이 크게 올라서 많은 농부가 배추 농사 규모를 늘린다면 향후 배추 가격은 하락하게 됩니다. 이는 배추 가격이 떨어졌다고 해서 사람들이 김치를 갑자기 많이 먹지는 않기 때문입니다. 그리고 배추의 공급량이 수요량보다 조금만 많아도 배추 가격은 급락하게 됩니다.

메모리 반도체 가격이 가지는 특성은 배추와 아주 비슷합니다. 메모리 반도체 역시 공급이 수요보다 5%만 많아도 가격은 반 토막이 나고, 반대로 5%만 모자라도 가격은 곱절로 오릅니다. 이는 메모리 반도체와 배추가 모두 대체제가 거의 없는 데다 가격이 오르거나 내림에 따라 수요량이 크게 변하지 않는 특성을 가지고 있기 때문입니다.

여기에서 기억해야 할 내용은 '배추와 같은 특성을 가진 메모리 반도체는 가격 및 업황의 변화 폭이 타 산업 대비 상대적으로 크므로 이를 반영하는 주가의 변화 폭도 크다. 따라서 반도체 주식에 대한 투자는 고위험 고수익의 성격을 가진다.'라는 것입니다.

지금까지 저는 주식 투자자라면 반드시 알아 두어야 할 메모리 반도체 산업의 5가지 중요한 특성에 대해 말씀드렸습니다. 여기까지 이해했다면 메모리 반도체 주식 투자가 참 어려운 일이라는 것을 알아차렸을 듯합니다. 반도체 업황 사이클을 한 번 잘못 예측하면 계속 반대 방향으로 매매하기가 쉽습니다. 수많은 반도체 관련 뉴스

속에서 업황 변화를 의미하는 신호에 항상 집중해야 합니다. 반도체 주식은 매수 후 그냥 놔두어도 마음 편한 주식이 아니고, 한 번 잘못 투자하면 손실의 규모가 클 수 있는 주식입니다. 그래서 저는 여러분을 위해 이 책의 4장에서 반도체 주식 투자 방법에 대해 좀 더 구체적으로 소개하려고 합니다.

반도체 주식 투자, 이것만 알면 쉽다 2

반도체 장비·소재 기술

이번 장에서는 앞서 말씀드린 5가지 특징보다는 조금 덜 중요하지만, 알고 있으면 좋을 반도체 산업의 기초적인 내용에 대해 설명하겠습니다. 이 내용들을 완벽하게 이해할 필요는 없습니다. 하지만 여기에서 언급되는 용어와 내용에 익숙해지면 장비·소재 주를 포함한 반도체 주식 투자를 할 때 많은 도움이 될 것입니다.

이번 장에서 다룰 내용은 반도체 생산 공정별 정의와 주요 장비 및 재료 공급 업체, 노광 공정의 난이도 상승이 반도체 생산 증가율 하락에 미치는 영향, DRAM 및 NAND 산업의 기초, 반도체의 종류 등입니다.

만약에 삼성전자, SK하이닉스 주식 투자와 직접 관련이 있는 부분만 보고 싶다면 다음 장인 '반도체 주식 투자, 이것만 알면 쉽다 3 - 경기선행지표'로 바로 넘어가면 됩니다.

반도체 생산 공정과
공정별 주요 장비, 소재 업체

　반도체가 생산되는 과정과 공정별로 들어가는 장비, 소재 및 해당 업체들에 대해 알아보겠습니다. 이 정도만 알아 두어도 앞으로 관련 기사를 접할 때 이해가 쉬워질 것입니다. 참고로 장비 업체들 중에서 삼성전자의 관련사이자 한국 최대 장비 업체인 세메스 등 비상장 업체들은 언급하지 않았습니다. 세메스는 삼성전자를 고객으로 세정, 트랙, 본딩 장비, 팹 자동화 장비 등을 주로 공급하고 있습니다.

　반도체 생산 공정은 크게 전공정과 후공정으로 나뉩니다. 전공정은 반도체의 기본 원재료인 웨이퍼를 투입해서 그 웨이퍼 상에 반도체를 형성하는 과정까지를 의미합니다. 후공정은 웨이퍼 상에 형성된 반도체를 잘라 내고, 테스트하며, 패키지 안에 자리 잡는 과정입니다. 먼저 전공정부터 살펴보겠습니다.

　상황에 따라 공정 순서가 바뀌기도 하고 훨씬 복잡한 전공정 과정을 통해 반도체가 만들어집니다만, 이해하고 기억하는 데 도움이 되도록 그림 4에서 아주 간단하게 도식화해 보았습니다.

그림 4_반도체 생산 전공정과 공정별 주요 장비 업체

자료: SK하이닉스, 코리아텅스텐

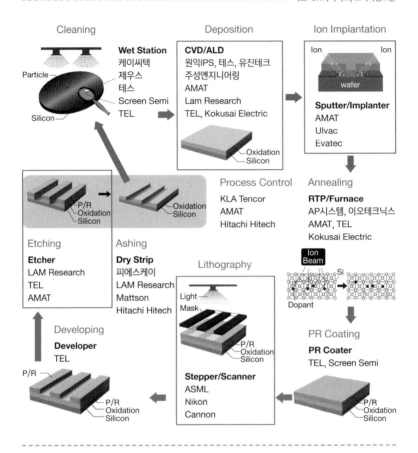

반도체의 원재료는 둥근 기둥 모양의 실리콘인 잉곳(Ingot)을 얇게 자른 웨이퍼이고, 반도체 전공정의 시작은 이 웨이퍼를 깨끗하게 닦는 세정 공정입니다. 물론 전공정의 한 사이클이 끝나고 난 후 오염 물질이나 잔류물을 제거하는 것도 세정 공정에서 해야 합니다.

세정 장비는 일본의 Screen Semiconductor, TEL(Tokyo Electron) 등의 시장 점유율이 아주 크지만 케이씨텍, 제우스, 테스 등 한국 업체들이 이미 상당히 국산화를 이루었습니다.

깨끗이 세정한 웨이퍼에 산화막을 형성하는 것이 증착(Deposition) 공정입니다. 웨이퍼 표면 위에 고온의 수증기와 산소, 또는 산소만을 쏘아 주면 표면에 있는 규소와 산소가 반응을 일으켜 얇은 산화막이 형성되고 전기적 특성을 가지게 됩니다. 이 산화막은 다음 단계인 이온 주입 공정에서 불순물의 확산을 방지하고, 식각 공정에서 방지막 역할을 하며, 회로와 회로 사이에 누설 전류를 차단하는 절연막 역할도 합니다.

한국의 대표적인 반도체 장비 회사들인 원익IPS, 테스, 유진테크, 주성엔지니어링 등이 증착 장비 부문에서 많은 국산화를 이루어 왔습니다. 물론 워낙 시장 규모가 큰 부문이므로 AMAT(Applied Materials), Lam Research, TEL 등 세계적인 장비 업체들도 한국 반도체 업체들에게 증착 장비를 공급하고 있습니다.

산화막을 형성한 후에는 도펀트(Dopant)라고 불리는 불순물을 주입하는 이온 주입(Ion Implantation) 공정에 들어가게 됩니다. 불순물을 주입하는 것은 반도체가 전기적 성질을 가지도록 하기 위해서입니다. 불순물을 이온화시켜 웨이퍼의 내부에 침투시킴으로써 전자 소자의 특성을 만들어 주는 것이죠. 이온 주입 공정에서 어느 정도의 시장 점유율을 확보하고 있는 한국 장비 업체는 아직 없습니다. 주로 AMAT, Ulvac, Evatec 등의 외국 업체가 이 장비 시장을 과점

중입니다.

　이온 주입 공정 중 데미지를 입은 웨이퍼의 상처가 아물도록 하고, 정위치를 벗어난 실리콘 배열이 제자리를 찾아가도록 만들어 주는 공정을 어닐링(Annealing)이라고 합니다. 과거에는 퍼니스 (Furnace)라는 열처리 장비를 이용한 고온 가열 방식이 많이 이용되었지만, 현재는 급속 열처리 방식인 RTP(Rapid Thermal Processing) 장비가 주류입니다. 최근에는 열이 아닌 레이저(Laser)를 이용해 데미지를 입은 국소 부위만 처리하는 장비가 개발되어 DRAM에 적용되기 시작했습니다. 어닐링 장비 업체로는 AP시스템, 이오테크닉스 등의 한국 업체와 AMAT, TEL, Kokusai Electric 등의 외국 업체가 있습니다.

　PR(Photo Resist)는 빛에 반응해 화학적 변화를 일으키는 감광액의 일종입니다. 감광이란 빛을 받았을 때 물리적·화학적 변화를 일으키는 현상을 통칭하며, 빛이 닿은 부분 또는 닿지 않은 부분만 남기기 때문에 특정 패턴을 만들 수 있습니다. 사진을 인화하는 과정 역시 이러한 감광 현상을 활용한 것입니다. 반도체 전 공정에서 PR를 얇게 도포하는 것은 마치 웨이퍼를 사진 인화지와 비슷한 상태로 만들어 주는 것과 같습니다. PR를 얇게 도포하는 장비를 PR 코터 (Coater)라고 하고, 감광액을 도포하고 노광 작업으로 형성된 패턴까지 현상하는 장비를 트랙 장비라고 합니다. 이 부문에서는 일본의 TEL, Screen Semiconductor 등이 중요한 장비 공급 업체입니다.

　이제 반도체 전공정 중 가장 중요한 부분을 소개하겠습니다.

반도체 주식에 투자하는 사람들이라면 노광(Lithography) 공정과 EUV(Extreme Ultra Violet), ASML(Advanced Semiconductor Materials Lithography)이라는 이름을 많이 들어 보았을 것입니다. 노광 공정에서의 난이도 상승은 최근 메모리 반도체 업체들의 생산 증가율이 낮아지고 있는 가장 큰 원인입니다. 앞서 메모리 반도체 수요 증가율이 하락해 왔다는 사실을 말한 바 있는데, 수요 증가율이 하락해도 반도체 수급이 크게 악화되지 않는 것은 최근에 노광 공정이 너무나 어려워지고 있기 때문입니다.

먼저 노광 공정 자체에 대해서 간단히 설명하겠습니다. 노광 공정은 산화막을 형성한 웨이퍼 위에 PR를 도포한 상태에서, 중간에 포토 마스크(Photo Mask)를 씌우고 그 위에서 노광 장비로 빛을 투과시키는 작업입니다(그림 4 참조). 포토 마스크 안에는 반도체 회로 패턴의 일부분(전부가 아닌)이 담겨 있으니 그 패턴이 웨이퍼 위에 남습니다. 이때 노광 장비에서 쏜 빛을 맞으면 회로 모양대로 PR가 굳어지고, 이후 현상(Developing) 공정에서 굳어지지 않은 PR 부분이 소멸되면서 회로가 형성되는 것입니다.

노광 공정에서 빛을 쏘는 장비를 스테퍼(Stepper) 또는 스캐너(Scanner)라고 합니다. 노광 장비는 광원이 무엇이냐에 따라 i-Line, KrF, ArF, EUV 장비로 발전해 왔습니다. 반도체 공정이 미세화되면서 광원의 파장 길이가 점차 짧아진다고 보면 됩니다. 마치 그림을 그릴 때 큰 붓으로 세밀화를 그릴 수 없는 것과 같은 이치입니다.

현재는 불화크립톤(KrF)과 불화아르곤(ArF)을 광원으로 많이 사용하는데, 상대적으로 공정 미세화에 덜 민감한 NAND는 아직 불화크립톤을 사용하는 경우가 있는 반면, DRAM은 대부분 불화아르곤을 적용하고 있습니다. 2022년 2월에 발발한 러시아-우크라이나 전쟁 때문에 크립톤이 부족할 수 있어 반도체 생산에 문제가 될 수 있다는 내용의 언론 보도가 있었습니다. 크립톤은 바로 이 노광 공정의 광원으로 사용되는 원자재입니다. 최근에는 AP, CPU 등 비메모리 부문뿐 아니라 DRAM에서도 차세대 광원인 EUV를 사용하는 노광 장비가 적용되기 시작했습니다.

이러한 노광 장비 부문은 현재 네덜란드의 ASML이 사실상 거의 독점하고 있습니다. 과거 i-Line 시절에는 일본의 Canon, Nikon 등도 노광 장비 시장에서 시장 점유율이 높았지만 불화크립톤, 불화아르곤 같은 DUV(Deep Ultra Violet) 시대로 접어들면서 급격히 경쟁력을 상실했습니다. 특히 차세대 제품이 대당 3,000억 원을 상회하는 EUV는 완전히 ASML의 독점 장비입니다. 그래서 Intel, TSMC, 삼성전자 등 세계적인 반도체 회사들은 향후 원활한 EUV 장비 수급을 위해 ASML에 지분을 투자해 놓은 상황입니다. 노광 장비 부문에서 점점 심해지는 고난이도화를 감안하면 앞으로도 ASML의 독점 체제는 그대로 유지될 가능성이 높습니다.

앞서 말한 노광 공정이 최근 메모리 반도체 업체들의 생산 증가율을 낮추는 역할을 하고 있다는 점은 가장 중요한 내용이니 이후에 자세히 설명하겠습니다. 우선 노광 작업 후 공정들에 대해 간단히 살펴보겠습니다.

노광 공정이 완료되어 PR 위 포토 마스크 안에 들어 있던 반도체 회로의 일부분이 전사되면, 그다음에는 현상 공정에 들어가게 됩니다. 현상 공정에서는 디벨로퍼(Developer) 또는 트랙 장비로 불필요한 PR 부분을 없애 줍니다. 이 과정에서 산화막이 드러나게 됩니다. 이 과정을 흔히 사진관의 암실에서 흑백 사진을 현상하는 것에 비유하기도 합니다. 이 부문에서는 앞서 말했던 일본의 TEL이 가장 중요한 공급 업체입니다.

그다음 과정은 식각(Etching) 공정으로 역시 매우 중요한 전공정 중 하나입니다. 그림 4에서 볼 수 있듯이 현상 공정을 통해 드러난 부분, 즉 회로가 아닌 불필요한 부분의 산화막을 깎는 과정입니다. 식각 방식에는 건식과 습식이 있습니다. 건식은 가스를 사용하고, 습식은 용액을 사용합니다. 습식은 빠르게 깎는 점이 장점이며, 건식은 느린 대신 미세한 식각이 가능하다는 점이 장점입니다.

식각 장비 업체로는 이 부문에 특화된 미국의 Lam Research가 대표적이고, 일본의 TEL과 세계 최대 장비 업체 중 하나인 미국의 AMAT도 식각 장비를 공급하고 있습니다. 한국 장비 업체들 중에는 에이피티씨, 원익IPS 등이 식각 장비 시장에 도전하고 있는데 아직 높은 시장 점유율을 확보하지는 못한 상황입니다.

전공정의 마지막 단계인 에싱(Ashing) 공정에서는 식각 공정 후에 아직 남아 있는 PR를 드라이 스트립(Dry Strip)이라는 장비로 날려 버립니다. 미세공정 전환과는 큰 관련이 없지만 신규 라인을 건설할 때는 반드시 필요한 장비입니다. 드라이 스트립 장비 부문에서는 한국의 피에스케이가 시장 점유율 1위 업체이고 Lam Research, Mattson, Hitachi Hitech 등의 업체들이 그 뒤를 잇고 있습니다.

반도체 생산 전공정의 한 사이클에 대해 아주 간단히 설명했습니다. 그런데 이러한 한 번의 사이클로 웨이퍼 상에 반도체 칩이 완성되는 것은 아닙니다. 앞서 하나의 포토 마스크에 반도체 회로 패턴의 전부가 아닌 일부분이 들어 있다고 강조한 것을 기억할 것입니다. 즉 1개의 포토 마스크마다 한 번의 전공정 사이클이 필요하다는 이야기입니다.

따라서 동급의 미세공정이라 하더라도 반도체 업체마다 사용하는 포토 마스크의 숫자가 다르고, 이에 따라 전공정 사이클의 횟수와 반도체 생산에 걸리는 시간이 달라집니다. 그렇다면 얼마나 적은 숫자의 포토 마스크를 사용하는가가 반도체 업체들의 원가 경쟁력에 영향을 미치는 요소가 될 수 있습니다. 생산 기간이 짧으면 짧을수록 단위 시간당 생산되는 반도체의 양은 증가하고, 고정비 비중이 큰 반도체 산업의 특성상 칩당 원가는 낮아지기 때문입니다.

지금까지 말한 내용에서 기억해야 할 것은, 전공정 중에서 공정별로 간단한 정의가 무엇인지와 어떠한 업체들이 해당 장비를 공급하고 있는지입니다. 장비 업체들에 대한 투자를 할 때 이 정도 내용을 알고 있으면 이해에 큰 어려움이 없을 것입니다.

노광 공정이
반도체 생산에 미치는 영향

이제 노광 공정이 최근 반도체 생산 증가율의 하락과 반도체 수급 안정에 어떠한 영향을 미치는지 알아보겠습니다. 먼저 여러분이 많이 들어 본 14나노 DRAM, 4나노 AP 등의 용어에서 나노의 뜻이 무엇인지, 그리고 나노 앞의 숫자가 낮아지는(미세공정이 전환되는) 것이 어떤 의미인지에 대해 설명하겠습니다.

14나노 DRAM이란 말은 이 DRAM의 설계 시 최소 회로선 폭 (Design Rule)을 14나노로 정했다는 것입니다. 나노미터(nm)는 1미터의 10억 분의 1을 의미하는 단위이므로 14나노 DRAM의 최소 선폭이 얼마나 가는지는 금방 알 수 있을 것입니다. 단 14나노 DRAM이라 해서 모든 회로선 폭이 14나노인 것은 아닙니다. 가장 중요한 부분을 제외하면 이보다 두꺼운 여러 굵기의 선폭으로 설계됩니다. 이것이 같은 14나노 DRAM으로 불려도 업체마다 칩의 크기가 다른 이유입니다.

16나노 DRAM에서 14나노 DRAM으로 최소 회로 선폭 및 주변 회로 선폭이 가늘어지면 당연히 DRAM의 칩 크기가 작아집니다. 이러한 과정을 미세공정 전환이라 하고 최근에는 미세공정이 한 세대 전환될 경우 약 20% 수준으로 칩의 크기가 작아지고 있는 상황입니다. 이 말은 미세공정 전환을 하면 동일한 12인치 웨이퍼에서 생산하는 반도체의 양이 20%가량 증가한다는 의미입니다. 즉 나노의 숫자를 낮추는 것(미세공정 전환)은 생산량을 늘리고 원가를 절감하기 위한 방법입니다.

그러면 최근 노광 공정에서의 어려움이 반도체 생산 증가율을 하락시키고 있다는 말은 어떤 의미일까요? 현재 노광 장비의 주력 제품은 ArF 이머전(Immersion)이라는 것으로 빛이 물을 투과할 때 나타나는 굴절 현상을 이용한 장비입니다. 이 장비는 35나노 이전 세대의 DRAM을 생산할 때는 반도체 회로 중 가장 미세한 부분일지라도 하나의 포토 마스크를 이용하여 단번에 찍어 낼 수 있었습니다.

그런데 30나노급 이하로 미세화되면서 이 장비로는 가장 중요한 부분의 회로 패턴을 한 번에 찍어 낼 수 없게 되었습니다. 사실 ArF 이머전 장비의 한계는 35나노까지였던 것이죠. 그래서 반도체 업체들은 가장 미세한 부분에 대해서는 하나가 아닌 2개의 포토 마스크에 회로를 나누어서 찍어 내는 방법을 고안해 냈습니다. 이러한 방식을 더블 패터닝(Double Patterning)이라고 합니다. 그런데 이러한 방식은 2가지의 단점이 있습니다.

첫째, 포토 마스크의 숫자가 늘어나다 보니 반도체 전공정 사이클의 횟수와 생산 기간이 늘어납니다. 즉 전에는 한 달에 10만 장의 웨이퍼를 처리하던 반도체 라인이 미세공정을 전환하니 생산 기간의 증가에 따라 9만 장밖에 처리하지 못하는 상황이 발생한 것입니다. 이를 업계에서는 '미세공정 전환에 따른 자연스러운 캐파(Capa)의 감소'라고 말합니다. 이렇게 되면 미세공정 전환에 따라 웨이퍼당 반도체 생산 개수는 증가하지만 라인 전체의 생산량으로 보면 증가율이 그리 높지 못하게 되는 것이죠.

둘째, 가장 미세한 회로 패턴을 2개로 나눠 찍다 보니 포토 마스크 간의 오정렬에 따라 EPE(Edge Placement Error)라는 문제가 발생하게 됩니다. 쉽게 설명하면 2개의 회로 패턴 사이 간격이 일정하고 매끈해야 하는데 그렇지 못해 불량이 발생하는 것입니다. 최근 반도체 업체들이 신규 미세공정 전환 시 수율을 잡는 데 예전보다 훨씬 큰 어려움을 겪는 것은 바로 EPE 때문입니다. 이 역시 최근 반도체 생산 증가율이 낮아진 이유 중 하나입니다.

결론적으로 말하면, 현재 노광 장비의 성능이 미세공정 전환 속도를 따라가지 못하니 반도체 업체들이 어찌 보면 무리한 방식을 도입했고, 이에 따라 생산량 증가율이 낮아지고 수율 저하 현상을 겪는다는 것입니다.

현재 20나노 이하 공정에서는 더블 패터닝으로도 부족해서 포토 마스크를 4개 사용하는 쿼드러플 패터닝(Quadruple Patterning)까지 도입된 상황입니다. 따라서 단위 시간당 웨이퍼 처리량의 감소와 생산 증가율의 하락은 더욱 심화되고 있고, 수율을 개선하는 데에도 어려움이 커진 상황일 수밖에 없는 것이죠.

반면 메모리 반도체 수요 증가율이 점차 하락하는 상황에서 노광 공정의 어려움으로 생산 증가율도 낮아졌으니, 어떤 면에서는 반도체 공급 과잉과 가격 하락을 방어(?)하는 긍정적 역할을 하고 있다고도 생각할 수 있습니다.

이렇게 낮아지는 생산 증가율의 타개책으로 등장한 것이 EUV 노광 장비입니다. EUV 장비는 AP 등 비메모리 부문에서는 7나노부터 적용 중이고 DRAM 부문에서도 삼성전자가 1Z나노(16나노급), SK하이닉스가 1A나노(14나노급)부터 적용하기 시작했습니다. EUV 장비에 대해 자세하게 설명하자면 너무 긴 이야기가 되므로, 여기에서는 EUV 장비가 현재 메모리 반도체 업황에 미치는 영향만 간단히 설명하겠습니다.

EUV 장비를 사용하면 이론적으로는 더블, 쿼드러플 등 멀티 패터닝의 단점인 미세공정 전환에 따른 자연스러운 캐파의 감소와 수율의 하락을 해결할 수 있습니다. 가장 미세한 회로 부분도 하나의 포토 마스크를 이용하여 단번에 찍어 낼 수 있으니, 전공정 사이클 횟수도 감소하고 EPE도 발생하지 않을 테니까 말이지요. 그런데 실제로는 EUV 장비를 활용하는 1A나노 이후에도 DRAM의 낮은 생산 증가율은 해결되지 못하고 있습니다. 오히려 더 악화되는 상황이지요. 그 이유는 다음과 같습니다.

첫째, 현재 EUV 장비의 가격 대비 성능비가 너무 나쁘기 때문입니다. 차세대 EUV 장비의 가격은 현재 주력인 ArF 이머전 장비 대비 5~6배에 달하는 반면, EUV 광원의 약한 파워 때문에 시간당 웨이퍼 처리량은 절반가량에 불과합니다. 즉 EUV 장비의 가격 대비 성능비

는 ArF 이머전 장비에 비해 10분의 1 수준인 것이지요. 현재 EUV 장
비를 사용하는 것은 점점 악화되는 멀티플 패터닝의 단점을 극복하
기 위한 어쩔 수 없는 선택이지, EUV 장비의 생산성이 좋아서는 아
니라는 점입니다.

둘째, 아직 도입 초기인 만큼 EUV 노광 공정에도 자체적인 기술
적 어려움이 산재해 있기 때문입니다. EUV 장비의 자체적인 하드웨
어상 문제도 많은 개선이 필요합니다만 관련 부품, 재료에도 어려운
문제가 산적해 있는 것입니다(그림 5 참조).

그림 5_EUV 노광 장비 및 EUV 마스크 구조
자료: Kmozzart blog, 메리츠증권

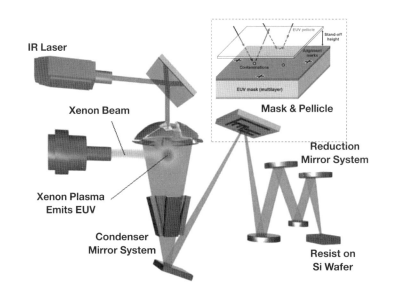

간단히 말하자면 EUV 장비의 본격 도입을 위해서는 ① 다층 거울과 패터닝 흡수체(Absorber)로 구성되는 무결점 포토 마스크, ② 초박막, 고강도, 높고 균일한 투과율을 가지는 펠리클(Pellicle), ③ 고해상도, 낮은 조사선량(Dose), 낮은 가스 방출도, 매끈한 라인 엣지(Edge)를 가지는 감광제가 필요합니다. 또한 무엇보다도 짧은 노광 파장과 진공 환경, 초미세 패턴에 따라 EUV 공정에는 고난이도 불량 관리 및 검사 기술의 발전이 요구됩니다.

마치 사자를 피하려고 도망갔더니 호랑이를 만난 격이라고 해야 할까요? 멀티플 패터닝을 피하려고 EUV를 도입했는데 EUV에도 만만치 않게 어려운 문제가 많은 상황입니다.

셋째, 아직 이렇게 문제가 많은 EUV 공정이지만 장비 자체를 구매하기가 어렵기 때문입니다. 앞서 말한 것처럼 EUV 장비는 전 세계에서 오직 ASML만 공급할 수 있습니다. 그러니 ASML의 EUV 생산량에 삼성전자, TSMC, SK하이닉스, Intel 등 반도체 업체들이 촉각을 곤두세울 수밖에 없는 것이지요.

그런데 사실 ASML도 원하는 만큼 충분히 EUV 장비를 생산해 낼 수 없는 환경입니다. 예를 들어 EUV 장비의 가장 핵심 부품인 렌즈는 독일의 Carl Zeiss가 공급하는데, Carl Zeiss의 렌즈 생산량은 생산 설비의 확대, 숙련된 인력의 확보 등의 이유로 금방 늘리기 어렵기 때문입니다. 이에 따라 ASML이 2022년 생산하는 EUV 노광 장비는 55대 안팎에 불과하고 향후 2년간은 크게 늘리기 어려울 전망입니다.

여기에서 알려 주고자 하는 핵심 내용은, 노광 공정의 어려움에 따라 DRAM 생산 증가율은 낮아지고 있으며 EUV 공정의 적용에도 불구하고 이 문제는 해결되지 못하고 있다는 점입니다. 이러한 공급상의 제약은 메모리 반도체 수요 증가율이 하락하는 상황에서도 업황의 밸런스를 유지시켜 주는 역할을 하고 있습니다.

물론 향후 EUV 장비의 가격이 급락하고 시간당 웨이퍼 처리량이 증가함과 동시에 관련 부품, 재료가 크게 개선된다면 반도체 생산 증가율이 예전의 높은 수준으로 회복할 가능성이 없는 것은 아닙니다. 그러한 경우 메모리 반도체 수요를 크게 증가시켜 줄 동인이 등장하지 않으면 반도체 공급 과잉 문제가 부각될 수 있으니 앞으로 지켜봐야 할 문제라 하겠습니다.

반도체 전공정 소재 및
주요 공급 업체

    지금부터는 반도체 전공정에 사용되는 주요 소재와 공급 업체들에 대해 간략하게 알아보겠습니다. 반도체 소재주에 대한 주식 투자 시 참고가 되었으면 합니다.

    반도체의 기본 원재료인 웨이퍼는 잉곳을 얇게 자른 것입니다. 잉곳은 실리콘을 고온으로 녹인 용액에 결정핵을 넣어 빙글빙글 돌려서 성장시킨 둥근 기둥 형태의 모습을 하고 있습니다. 주요 웨이퍼 공급 업체로는 일본의 ShinEtsu, Sumco와 독일의 Siltronics, 미국의 SunEdison, 대만의 Global Wafers 등이 있으며, 한국에서는 SK실트론이 SK하이닉스에 웨이퍼를 공급하고 있습니다. 이 시장에서는 일본의 두 회사가 50% 이상의 점유율을 차지하고 있습니다.

    세정 공정에는 과산화수소수, 암모니아, 염산, 황산, 인산, 불산, 드라이아이스, 아르곤 등 수많은 화학 물질이 사용됩니다. 많은 업체가 있지만 중요한 몇 개의 업체만 소개하겠습니다. 한솔케미칼은 국내 초고순도 과산화수소 시장의 80%를 점유하고 있습니다. 비상장으로 전환된 SK머티리얼즈가 세계에서 가장 많이 생산하고 있는 삼불화질소(NF3)는 증착 공정 시 장비 챔버 안에 남은 잔류물을 세정하는 역할을 합니다. 해외 업체로는 Mitsubishi Gas Chemical이 대표적인 세정 재료 공급 업체입니다.

전구체(Precursor)의 사전적 의미는 어떠한 물질이 되기 이전 단계의 물질인데, 반도체 전공정에서는 증착막을 만들기 위한 사전 물질을 말합니다. 전구체는 K값이 4 이상이냐 이하이냐에 따라 크게 고유전율(High-K) 물질과 저유전율(Low-K) 물질로 나뉩니다. K값이 높을수록 전하를 더 많이 저장할 수 있으므로, DRAM 공정에서는 전하를 저장하는 캐패시터(Capacitor)용으로는 고유전율 물질을 사용하고, 배선과 배선 사이의 절연막용으로는 저유전율 물질을 사용합니다. 국내 전구체 공급 업체로는 디엔에프, 원익머트리얼즈, 한솔케미칼, 후성, 솔브레인, 덕산테코피아 등이 있고, 해외 업체로는 세계 최대 산업용 가스 공급 업체인 미국의 Air Products와 일본의 Adeka, 프랑스의 Air Liquide 등이 있습니다.

전구체와 함께 증착막을 형성하기 위해 사용되는 증착 가스로는 수많은 고순도 가스가 사용됩니다만 대표적인 것은 모노실란(SiH4), 육불화텅스텐(WF6), 암모니아(NH3) 등입니다. 가장 중요한 국내 업체로는 SK머티리얼즈, 원익머트리얼즈, 후성 등이 있으며, 해외 경쟁사로는 미국의 Air Products와 일본의 Kanto Denka, Sumitomo Seika Chemicals, Taiyo Nippon Sanso 등이 있습니다.

증착이나 패턴 형성 후 필요 없는 부분을 갈아 없애는 평탄화 작업을 CMP(Chemical Mechanical Polishing) 공정이라고 합니다. CMP

방식에는 CMP 패드에 고속으로 회전하는 웨이퍼를 접촉하는 물리적 방법과, CMP 패드와 웨이퍼 사이에 화학 용액을 흘리는 화학적 방법이 모두 사용됩니다. 화학적 방법에 사용되는 화학 용액을 CMP 슬러리(Slurry)라고 부릅니다. CMP 슬러리의 주요 공급 업체는 미국의 Cabot, Air Products, Dow Chemical, 일본의 Asahi Chemical, Hitachi Chemical 등입니다만 국내 업체들 중 케이씨텍, 솔브레인, 동진쎄미켐도 시장 진입에 성공했습니다.

포토 공정에서 사용되는 가장 중요한 재료는 블랭크 마스크 (Blank Mask)입니다. 블랭크 마스크는 반도체 회로가 아직 형성되지 않은 빈 쿼츠(Quarts) 재료의 판입니다. 반도체 회사들이 여기에 회로를 형성하여 포토 마스크를 만드는 것입니다. 블랭크 마스크를 만드는 국내 업체로는 에스앤에스텍과 SKC가 있으며 일본의 Hoya, Ulcoat, ShinEtsu 등이 시장 대부분을 장악하고 있습니다.

포토 공정 부품 중 EUV 시대가 도래함에 따라 중요성이 크게 강조되는 부품이 펠리클입니다. 펠리클은 포토 마스크를 이물질로부터 보호하기 위해 씌우는 얇은 보호막입니다. 초박막, 고강도, 높고 균일한 투과율이 필요합니다. 현재 국내 업체 중에서는 에프에스티가 공급 중이며 EUV용 제품을 에프에스티와 에스앤에스텍이 개발 중입니다. 아직은 ASML과 Teradyne이 공동 개발하고 Mitsui Chemical이 생산 중인 펠리클이 모든 반도체 업체의 EUV 공정에 독점적으로 투입되고 있습니다.

그림 6_주요 반도체 전공정 소재 및 공급 업체

자료: 각 사 자료

Wafer	
SK실트론	ShinEtsu, Sumco
	Siltronics, Sun Edison
	Global Wafers

세정 재료	
한솔케미칼	Mitsubishi Gas Chem
SK머티리얼즈	

전구체 (Precursor)	
디엔에프	Air Products
원익머트리얼즈	Adeka
한솔케미칼	Air Liquide
후성	
솔브레인	
덕산테코피아	

증착 가스	
SK머티리얼즈	Air Products
원익머트리얼즈	Kanto Denka
후성	Smitomo Seika
	Taiyo Nippon Sanso

CMP 슬러리	
케이씨텍	Cabot
솔브레인	Dow Chemical
동진쎄미켐	Asahi Chemical
	Hitachi Chemical

Blank Mask & Pellicle	
에스앤에스텍	Hoya
SKC	Ulcoat
	ShinEtsu
에프에스티	Mitsui Chemical

Photo Resist	
동진쎄미켐	JSR
동우화인켐	ShinEtsu
	Sumitomo Chemical
	Tokyo Ohka

불화수소	
솔브레인	Stella Chemifa
	Morita Chemical

식각액	
솔브레인	Mitsubishi Chemical
이엔에프테크놀로지	Sumitomo Chemical
	Hitachi Chemical

식각 가스	
SK머티리얼즈	Smitomo Seika
원익머트리얼즈	Kanto Denka
후성	Taiyo Nippon Sanso
	Air Products
	Linde

식각 소모품
티씨케이
하나머티리얼즈
원익QnC
월덱스

또 하나의 중요한 노광 공정 재료는 PR입니다. PR 역시 EUV 공정으로 들어오면서 난이도가 크게 상승했습니다. 고해상도, 낮은 조사선량, 낮은 가스 방출도, 매끈한 라인 엣지가 확보되어야 합니다. PR 시장 또한 JSR, ShinEtsu, Sumitomo, Tokyo Ohka 등의 일본 업체가 시장 대부분을 장악하고 있습니다. 국내 업체로는 동진쎄미켐과 Sumitomo의 관련사인 동우화인켐이 있습니다. 동진쎄미켐은 EUV용 PR 개발에 도전하는 중이기도 합니다.

식각 방식에는 앞서 말했던 것처럼 습식 식각과 건식 식각이 있으므로 용액과 기체 형태의 식각 재료가 각각 필요합니다. 식각 재료로는 불산계와 인산계가 있는데 불산계는 DRAM, 인산계는 NAND 식각용으로 주로 사용됩니다. 불산계 식각 재료의 원재료가 바로 일본의 수출 규제로 한동안 떠들썩했던 불화수소입니다. 불화수소 이전 단계의 원재료는 무수불산인데, 무수불산은 중국에서 주로 채굴되는 형석으로 만듭니다. 무수불산은 대부분 중국에서 공급되나 국내 기업 중 후성, 솔브레인 등이 자체 조달 중입니다. 불화수소는 일본 Stella Chemifa, Morita Chemical의 시장 점유율이 90%에 달하지만, 일본의 수출 규제를 계기로 솔브레인이 국산화에 성공한 바 있습니다.

최종 제품인 식각액의 주요 공급 업체는 솔브레인, 이엔에프테크놀로지 등의 국내 업체들과 일본의 Mitsubishi Chemical, Sumitomo Chemical, Hitachi Chemical 등이 있습니다. 불산계 특수 가스인 삼불화질소, 육불화텅스텐, 육불화부타디엔 등의 주요 공급 업체는 앞서 세정, 증착 부문에서 소개한 업체들과 유사하니 그림 6을 참고하면 됩니다.

식각에는 실리콘(Si) 또는 쿼츠 링, 실리콘 카바이드(SiC) 링, 일렉트로드(Electrode) 등의 소모품도 필요합니다. 실리콘, 쿼츠 링의 공급 업체로는 하나머티리얼즈, 원익QnC, 월덱스 등이 있습니다. 실리콘 카바이드 링은 티씨케이, 하나머티리얼즈가 공급 중이며 하나머티리얼즈는 일렉트로드도 생산 중입니다.

지금까지 전공정에서 사용되는 주요 소재 및 부품에 대해 간단히 설명했습니다. 반도체 소재주, 부품주에 투자를 할 때 회사의 제품이 대략 어떤 것이고 어느 공정에서 사용되는 것인지를 파악할 때 도움이 될 것입니다. 이 내용으로 알 수 있는 것은 일본이 반도체 생산에서는 한국이나 대만에 많이 뒤처져 있지만, 소재와 부품 부문에서는 아직도 상당한 경쟁력과 시장 점유율을 유지하고 있다는 점입니다. 앞으로 이 부문에서도 빠른 국산화가 필요합니다.

반도체 후공정 장비와 소재 및 주요 공급 업체

지금부터는 후공정에 사용되는 주요 장비와 소재 및 공급 업체들에 대해 간략하게 알아보겠습니다. 후공정에서는 아무래도 장비의 난이도가 상대적으로 낮으므로 전공정보다 훨씬 많은 부문에서 국산화가 이루어지고 있습니다.

전공정을 통해 웨이퍼 상에 반도체 칩이 형성되면 후공정의 가장 첫 단계로 프로브 테스트(Probe Test)를 실시합니다. 프로브 테스트는 패키징에 들어가기 전에 1차적으로 불량 여부 및 전기적 특성을 검사하는 과정입니다. 아직 패키징이 시작되기 전이기 때문에 웨이퍼 상의 반도체 칩들과 테스트 장비를 전기적으로 바로 연결하는 데 필요한 핀이 없는 상태입니다. 따라서 테스트 장비와 웨이퍼를 전기적으로 연결시키기 위해 무수히 많은 탐침으로 이루어진 프로브 카드(Probe Card)를 사용하게 됩니다.

프로브 카드를 공급하는 국내 업체로는 티에스아이, 웰테크놀로지, 마이크로프랜드, 리노공업 등이 있으며, 전 세계적으로 높은 시장 점유율을 보유한 업체들은 미국의 Formfactor, 이탈리아의

58

Technoprobe, 일본의 Micronics 등입니다.

범핑(Bumping)은 반도체 칩과 패키징 기판 사이를 전도성 돌기 (Bump)를 형성해 전기적으로 연결하는 작업입니다. 과거에는 반도체 칩과 패키징 기판 사이를 와이어(Wire)라 불리는 얇은 금속선으로 연결했습니다만 속도의 저하, 누설 전류의 증가에 따라 최신 미세공정을 사용하는 메모리 반도체 등에서는 범핑 공정을 사용하고 있습니다.

물론 비메모리 반도체 중 칩의 크기나 미세공정이 중요하지 않은 레거시(Legacy) 반도체들의 경우에는 와이어 본딩이 아직 유효한 방식입니다. 와이어 본딩은 웨이퍼 상에서 반도체 칩을 잘라 낸 후에 실시하고, 범핑은 반도체 칩이 아직 웨이퍼 상에 위치하고 있을 때 실시하는 점에서 서로 다릅니다. 주요 범핑 업체로는 네패스, SFA반도체, 엘비세미콘 등이 있습니다.

후공정 중에서 가장 중요하고 비싼 장비는 원하는 만큼 속도가 나오는지 검사하는 스피드 테스터(Speed Tester) 혹은 메인 테스터(Main Tester) 장비입니다. 그동안 이 장비는 메모리 반도체의 경우 일본의 Advantest, 비메모리 반도체의 경우 미국의 Teradyne, Credence가 시장을 과점해 왔습니다. 그러나 최근 국내 업체 중 와이아이케이, 유니테스트가 삼성전자와 SK하이닉스에 공급함으로써 시장 진입에 성공한 상황입니다.

그림 7_주요 반도체 후공정 장비 및 소재 공급 업체

자료: 각 사 자료

Probe Test	Bumping	Speed Test	Cutting	Bonding & Molding	Marking
Probe Card		**Main Tester**	**Wafer Dicer**		
티에스이	네패스	와이아이케이	한미반도체	한미반도체	이오테크닉스
웰테크놀로지	SFA반도체	유니테스트	이오테크닉스	Panasonic	한미반도체
마이크로프랜드	엘비세미콘	Advantest	Disco	ASM Pacific	
리노공업		Teradyne		Shibaura	
Formfactor		Credence		Shinkawa	
Technoprobe					
Micronics Japan					

기타 재료			Test 서비스	신뢰성 Test	Test Handler	Packaging 서비스
PCB	**리드프레임**	**솔더볼**		**Burn-in Tester**		
심텍	해성디에스	덕산하이메탈	네패스	유니테스트	테크윙	SFA반도체
대덕전자	Mitsui Hitech	엠케이전자	테스나	디아이	제이티	하나마이크론
코리아써키트	Synco	휘닉스소재	엘비세미콘	엑시콘	미래산업	시그네틱스
해성디에스	ASM Pacific			네오셈	Kanematsu	윈팩
					Advantest	
					Hon Precision	

웨이퍼에서 반도체 칩을 잘라 내는 장비를 웨이퍼 절삭기(Wafer Dicer)라고 합니다. 그간에는 경도가 가장 강한 물질인 다이아몬드로 만든 칼을 이용하여 웨이퍼를 잘라 냈습니다. 그러나 미세먼지가 덜 발생하고 좀 더 정밀하게 자를 수 있는 레이저를 이용한 절삭 방식이 대세가 되는 중입니다. 아직까지는 레이저로 웨이퍼에 깊은 금을 긋고 물리적인 힘을 가하여 잘라 내는 방식이 많지만, 향후에는 레이저로 웨이퍼를 한번에 깨끗하게 자르는 방식으로 전환될 전망입니다.

이 시장의 최강자는 일본의 Disco입니다만 한국의 한미반도체가

MSVP(Micro Saw & Vision Placement)라는 장비에 Disco가 아닌 자체 마이크로 소(Micro Saw)를 장착하기 시작하면서 많은 이익을 올리고 있습니다. 이오테크닉스는 레이저 부문에서의 경쟁력을 살려서 레이저 방식의 웨이퍼 절삭기 시장에 도전하고 있습니다.

본딩(Bonding)은 앞서 범핑에서 말한 바와 같이 반도체 칩과 기판 사이를 연결하는 작업이고 몰딩(Molding)은 반도체 칩을 패키지 안에 자리 잡게 하는 과정입니다. 이 부문에서도 자체적으로 기술이 발전하면서 플립 칩 본딩(Flip Chip Bonding), TSV TC 본딩, 하이브리드 본딩(Hybrid Bonding) 등 신규 기술과 장비들이 나오고 있습니다. 이 부문에서 가장 대표적인 국내 장비 업체는 한미반도체입니다. 해외 업체로는 Panasonic, ASM Pacific, Shibaura, Shinkawa 등의 일본 업체가 주로 공급하고 있습니다.

반도체에서 마킹(Marking) 공정이란 반도체 칩 위에 제조사, 제품 종류 등의 정보를 담고 있는 파트 넘버를 레이저로 새기는 작업입니다. 레이저 마커(Laser Marker) 부문에서는 이오테크닉스가 세계 시장 점유율 1위를 달성하고 있으며 한미반도체도 장비를 공급하고 있습니다.

한국 반도체 업체들은 해외 반도체 업체들과 달리 자체적으로 설비를 운영하며 일부 물량만 패키징(Packaging) 서비스 전문 업체들에게 맡겨 왔습니다. 그런데 최근에 점차 서비스 의뢰 물량이 증가하는 추세입니다. 대표적인 서비스 전문 업체로는 SFA반도체, 하나마이크론, 시그네틱스, 윈팩 등이 있습니다.

테스트 핸들러(Test Handler)란 테스터(Tester)에 반도체 칩들을 공급해 주고, 검사 결과를 토대로 양품과 불량품을 분류하는 자동화 장비를 말합니다. 테스트 핸들러 장비 업체로는 한국의 테스트윙, 제이티, 미래산업 등이 있으며, 해외 업체로는 테스터도 생산 중인 일본의 Advantest와 Kanematsu, 대만의 Hon Precision 등이 있습니다. 특히 국내 업체 중 테스트윙은 메모리 반도체 테스트 핸들러 부문에서 세계 1위이며, 제이티는 비메모리 테스트 핸들러 시장에 진입하고 있습니다.

반도체 테스트(Test)는 크게 속도 측정 테스트와 신뢰성 테스트의 2가지로 나뉩니다. 신뢰성 테스트란 반도체 칩이 초저온, 고온 등 가혹한 환경에서도 잘 동작하는지를 검사하는 것입니다. 대표적인 신뢰성 테스트 장비가 번인 테스터(Burn-in Tester)인데 국내 장비 업체로는 유니테스트, 디아이, 엑시콘, 네오셈 등이 있습니다. 특히 유니테스트는 하나의 장비에 번인(Burn-in) 검사 외 여러 기능을 넣어 테스트 시간을 단축시킨 고속 번인 장비를 개발했습니다. 동사는 이 장비를 DRAM에 이어 NAND에도 적용 중입니다.

테스트 부문에도 전문 서비스 업체들이 있습니다. 패키징 부문과 마찬가지로 한국 반도체 업체들이 네패스, 테스나, 엘비세미콘 등 전문 서비스 업체들에게 테스트를 의뢰하는 양이 점차 늘어나는 추세입니다.

지금까지 말한 것들 외에도 후공정 부문에 사용되는 장비와 재료의 종류는 매우 많습니다. 대표적인 재료로 PCB(Printed Circuit

Board), 리드프레임(Lead Frame), 솔더볼(Solder Ball)을 들 수 있습니다.

PCB는 각종 전자 부품들을 인쇄판에 고정시킨 뒤에 구리 배선으로 서로 연결시킨 녹색 판입니다. PCB에는 경성과 연성 PCB가 있으며, 경성 PCB는 용도에 따라 메인보드와 패키징용 기판(Package Substrate)으로 구별됩니다. 메인보드는 PC 같은 하나의 IT 기기에 각종 주요 부품이 부착되는 큰 기판이고, 패키징용 기판은 메인보드에 반도체들을 부착할 때 반도체 칩을 담아 중간에서 서로 연결시켜 주는 역할을 합니다. 한국의 대표적인 PCB 공급 업체로는 심텍, 대덕전자, 코리아써키트, 해성디에스 등이 있습니다.

가장 최신의 패키지(Package) 방식에는 아이폰용 AP 등에 적용되는 WLP(Wafer Level Package)가 있습니다. 그러나 아직도 가장 많이 사용되는 전통적인 패키지 방식은 바로 앞에서 언급한 패키징용 기판 방식과 리드프레임 방식입니다.

리드프레임 방식은 얇은 와이어를 이용하여 패키지 안에 있는 반도체 칩을 구리가 주재료인 리드프레임과 연결하는 것입니다. 리드프레임은 나중에 메인보드와 연결되어 결국 반도체 칩이 메인보드와 전기적으로 통하게 되는 것이지요. 리드프레임은 속도와 전류 누설 측면에서는 불리하지만 가격이 저렴하고 무엇보다도 내구성이 우수합니다. 따라서 아날로그 반도체, MCU 같은 자동차용 반도체에 여전히 많이 사용되고 있습니다. 리드프레임 공급 업체로는 일본의 Mitsui Hitech, Synco, ASM Pacific 등과 함께 한국의 해성디에스가 있습니다.

솔더볼은 패키징용 기판에서 반도체 칩의 반대편에 부착되어 기판과 메인보드를 연결시켜 주는 부품입니다. 리드프레임 방식에서 리드프레임과 같은 역할을 하는 것이지요. 솔더볼의 주요 공급 업체로는 덕산하이메탈, 엠케이전자, 휘닉스소재 등이 있습니다.

DRAM 산업에 대한
기본 정보

지금부터는 DRAM 산업에 대해 투자자들이 기본적으로 알아 두면 좋을 몇 가지 용어와 내용에 대해 설명하겠습니다. DRAM 산업에 관련한 뉴스를 접했을 때 이해하는 데 도움이 될 것입니다.

비트 크로스 오버(Bit Cross-over)라는 용어를 들어 봤을 겁니다. 비트(Bit)는 바이트(Byte)와 함께 반도체의 용량을 표시하는 단위입니다. 8비트는 1바이트입니다. 비트 크로스 오버란 신제품 DRAM의 생산량이 비트 기준으로 이전 세대 제품을 넘어서는 현상을 말하는 것입니다.

DRAM도 계속해서 신제품이 개발되고 출시됩니다. 예를 들어 DDR5(Double Data Rate 5) DRAM은 DDR4를 이어 2022년부터 사용하기 시작한 신제품입니다.

최근 DRAM은 신제품이 나올 때마다 다음 3가지 측면에서 개선되고 있습니다. 첫째, 속도가 약 2배씩 빨라집니다. 둘째, 전력 소모량이 약 20~30%씩 감소합니다. 셋째, PC, 서버 등 세트(Set)의 프로세서가 요구하는 대역폭(초당 데이터 전송량)이 빠르게 증가하면서 이에 부응하는 새로운 아키텍처(Architecture)가 채택됩니다.

　이렇게 신제품 DRAM이 나오게 되면 업계와 주식 시장에서는 성능의 향상과 세트당 탑재량의 증가에 따라 DRAM 수요가 급증할 것을 기대하는 목소리가 항상 나타나곤 했습니다. 이번 DDR5의 출시 시기에도 예외는 아니었습니다. 그러나 저는 신제품 DRAM의 출시와 수요의 증가는 서로 연관성이 없는 것으로 생각하고 있습니다(그림 8 참조).

그림 8_DRAM 신제품 시장 진입 시 시장 규모 및 ASP 증감률

자료: WSTS

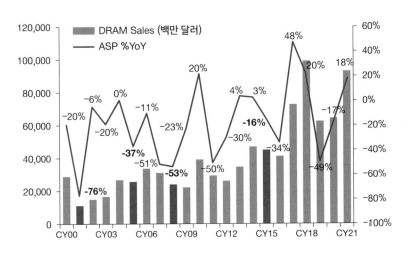

　2001년, 2005년, 2008년, 2015년은 각각 DDR, DDR2, DDR3, DDR4가 신규 출시되었던 해입니다. 해당 연도의 DRAM 시장 규모와 평균 판매 가격 증감률을 보면 이전 해보다 뚜렷하게 좋았던

적은 없습니다. 오히려 둔화되는 경향마저 보입니다. 이는 신제품 DRAM의 수요 비중이 4~5년에 걸쳐 조금씩 상승하고, DRAM을 포함한 CPU, 마더보드(Motherboard) 등 신규 플랫폼의 도입은 세트 업체들의 입장에서는 비용이 크게 증가하는 일이기 때문인 듯합니다.

2022년 DDR5의 출시 역시 당초 기대처럼 수요의 대폭 증가를 불러오지는 못하고 있습니다. 따라서 신제품 DRAM이 등장한다고 무조건 업황이 좋아질 것으로 보고 메모리 반도체 주식에 투자하는 것은 바람직하지 않습니다.

DRAM의 종류에는 어떤 것들이 있는지 알아보겠습니다. 과거에는 DRAM을 크게 PC DRAM과 스페셜티(Specialty) DRAM으로 나누었습니다. 즉 스페셜티 DRAM은 PC용이 아닌 모든 DRAM을 통칭해서 부르는 용어입니다. 2010년 이전만 해도 전체 DRAM에서 PC DRAM이 차지하는 비중이 50%를 넘었기 때문에 사용이 가능했던 용어입니다. 그러나 이제는 PC DRAM의 비중이 10%대 중반까지 크게 하락한 상황이니 스페셜티 DRAM이란 말을 듣기 어려워졌습니다.

DRAM의 종류는 공식적으로 컴퓨팅(Computing) DRAM, 컨슈머(Consumer) DRAM, 그래픽(Graphic) DRAM, 모바일(Mobile) DRAM으로 나뉩니다(그림 9 참조). 현재 가장 수요 성장률이 높은 서버(Server) DRAM은 PC DRAM과 함께 컴퓨팅 DRAM군에 속하는 제품입니다. 서버도 컴퓨터의 일종이기 때문이지요.

서버 DRAM이 PC DRAM과 가장 크게 다른 점은 ECC(Error

Correcting Code) 기능이 탑재된다는 점입니다. ECC는 내부 데이터의 오류를 감지하고 수정하는 기능을 의미하며, 대량의 데이터를 처리하므로 안정성이 중시되는 서버에서는 필수적인 기능입니다.

그림 9_DRAM의 종류

자료: JEDEC

	DRAM 종류	Application	채용 DRAM
	Computing DRAM	PC(X8/X16), Server(X4/X8, ECC), 기타 Data Processing	DDR4 DDR5
	Consumer DRAM	Digital TV, Set top Box, MP3 등 각종 가전	DDR DDR2 DDR3 DDR4
	Graphic DRAM (X16/X32, 고속)	Graphic Card, 콘솔 Game기	GDDR5 GDDR6
	Mobile Dram (저전력)	Mobile Phone, Tablet PC 등 Mobile 기기	LPDDR4 LPDDR5

아마도 DDR5에 ECC가 탑재된다는 이야기를 들어 본 분들이 있을 것입니다. 그러면 서버용 DDR5와 PC용 DDR5에 사용되는 ECC는 똑같은 것일까요? PC용 DDR5에 실제로 오류를 검출하고 정정할 수 있는 ECC가 포함되는 것은 사실입니다. 그러나 서버 DRAM에서의 ECC와는 성격이 좀 다릅니다.

서버 환경의 ECC가 실행하는 오류 검출 및 수정은 CPU로 전송되는 데이터를 포함해서 모든 수준에서 수행됩니다. 그러나 PC용 DDR5의 ECC는 DRAM 칩 내에서만 작동합니다. DDR5에 ECC를 탑재하는 이유는 칩의 속도와 집적도를 크게 올리기 위해서 부가적인 안전 기능이 필요하기 때문입니다.

컨슈머 DRAM은 특별하게 어떤 카테고리로 정해진 제품군이 아니고, 각종 가전제품에 들어가는 DRAM들을 통칭해서 부르는 용어입니다. TV, 셋톱박스 등 일반 가전에도 DRAM이 거의 다 탑재됩니다. 다만 가전용 DRAM은 출시된 지 아주 오래된 저용량, 저속의 레거시 제품이 대부분입니다.

PC의 그래픽 카드 또는 GPU(Graphic Processing Unit) 그리고 소니의 플레이스테이션(PlayStation) 같은 게임기에 사용되는 DRAM을 그래픽 DRAM이라고 합니다. 그래픽 DRAM은 용량이 큰 동영상을 처리하는 것이 주요 기능이기 때문에 무엇보다도 속도가 빨라야 합니다. 그래서 다른 DRAM들보다 한 번에 왔다 갔다 하는 데이터의 양이 훨씬 더 많습니다. 이러한 특성을 이용해 Nvidia 등이 서버용으로 내놓은 GP(General Purpose) GPU의 내장 DRAM으로도 그래픽 DRAM이 사용되고 있습니다. 다만 훨씬 더 고성능인 HBM(High Bandwidth Memory)이 그래픽 DRAM 대신에 이미 최신 GPU에 채택되기 시작했습니다.

그 밖에 스마트폰, 태블릿 같은 모바일 기기에 탑재되는 모바일 DRAM이 있습니다. 들고 다니는 모바일 기기에서 가장 중요한 덕

목은 배터리의 사용 시간입니다. 모바일 DRAM은 사용 시간을 길게 하기 위해 여타 DRAM보다 낮은 전력에서 동작합니다. 모바일 DRAM을 LP(Low Power) DDR라고 부르는 것은 바로 이러한 이유 때문입니다.

참고로 현재 전체 DRAM에서 주요 DRAM들이 차지하는 수요 비중은 모바일 DRAM 30%대 후반, 서버 DRAM 30%대 중·후반, PC DRAM 10%대 중반 수준입니다. 서버 DRAM의 비중은 상승 중이고, 모바일 DRAM 비중은 약보합, PC DRAM 비중은 하락세입니다. DRAM 업체들의 제품 생산 비중을 보면, 자체 스마트폰 사업 부문이 있는 삼성전자는 모바일 DRAM 비중이 매우 높고, SK하이닉스는 서버 DRAM 부문에서 시장 점유율 1위를 차지하며, Micron은 자동차 등 산업용 DRAM 비중이 상대적으로 높은 상황입니다.

그러면 주요 DRAM별로 이익률이 높은 순서는 어떻게 될까요? 일반적으로 서버 DRAM, 모바일 DRAM, 그래픽 DRAM 등 스페셜티 DRAM은 PC DRAM보다 가격이 비쌉니다. 그럼 당연히 스페셜티 DRAM의 이익률이 PC DRAM보다 높을까요? 그런데 항상 그렇지는 않습니다. 그리고 DRAM 업체들은 제품별 이익률의 변동에 따라 생산 비중을 변화시키곤 합니다.

스페셜티 DRAM들은 같은 미세공정에서 생산된 PC DRAM보다 구조가 좀 더 복잡해서 칩의 크기가 10~15%가량 더 큽니다. 따라서 동일 미세공정 생산 시 칩당 원가가 PC DRAM보다 비쌉니다. 그리고 DRAM 업체들은 최신 미세공정으로 전환하게 되면 제일 먼저 PC

DRAM에 적용하고, 이후 안정화되면 스페셜티 DRAM에도 적용하는 것이 일반적입니다. 즉 현재 기준으로 PC DRAM에 적용하는 미세공정이 스페셜티 DRAM보다 앞선 공정이므로, PC DRAM의 원가가 스페셜티 DRAM보다 20%가량 낮은 경우가 많습니다.

PC DRAM은 매일 거래가 이루어지는 현물시장(Spot Market)의 주력 제품이므로 PC DRAM 가격은 수급 상황에 따라 변동성이 매우 큽니다. 한 달 또는 분기에 한 번씩 고객들과 협상을 통해 결정되는 고정거래가격(Contract Price) 측면에서도 PC DRAM 고정거래가격은 현물가격(Spot Price)의 영향을 받아 큰 폭의 가격 변동을 보이게 됩니다. 반면 대부분 고정거래시장(Contract Market)에서 거래가 이루어지는 스페셜티 DRAM은 주로 분기에 한 번씩만 가격이 결정되므로 가격의 등락폭이 상대적으로 작습니다.

따라서 가격 상승기에는 기본적으로 가격이 비싼 스페셜티 DRAM이라도 PC DRAM보다 원가가 높고 가격 상승폭이 작기 때문에 이익률이 PC DRAM보다 낮은 경우가 많습니다. 반대로 가격 하락기에는 원가가 높더라도 가격이 원래 비싼 데다 가격 하락폭이 작기 때문에 스페셜티 DRAM의 이익률이 상대적으로 안정적입니다.

단 서버 DRAM의 경우에는 같은 컴퓨팅 DRAM이므로 PC DRAM과 유사한 가격 변동폭을 보이는 것이 일반적입니다. 서버 DRAM의 원가는 PC DRAM과 큰 차이가 나지 않는 반면 가격 프리미엄은 항상 존재하므로 서버 DRAM의 이익률은 시기와 관계없이 PC DRAM보다 높은 경우가 많습니다.

NAND 산업에 대한
기본 정보

NAND에 대해서도 간단히 알아보겠습니다. NAND는 DRAM보다 공급 업체가 처음부터 많지 않았습니다. NAND를 최초로 개발한 회사는 Toshiba이며 Toshiba는 얼마 전에 Kioxia라는 이름으로 NAND 부문을 따로 분사한 바 있습니다(그림 10 참조). Toshiba가 발명한 NAND 시장을 크게 확대한 회사는 삼성전자입니다. 그래서 그동안 기술적인 측면, 점유율 측면에서 삼성전자와 Kioxia를 퍼스트 티어(First Tier) 업체로 구분해 왔습니다.

단 재정적 어려움, 투자 축소 등으로 Kioxia의 위상은 크게 하락하였고 최근 기술 경쟁력 측면에서 삼성전사의 압도적 우위도 다소 퇴색되는 상황입니다. Kioxia는 전통적으로 미국의 SanDisk와 자본 지출을 반씩 부담하고 생산량도 반씩 나눠 왔습니다. 중국의 칭화 유니그룹이 NAND 시장 진출을 위해 SanDisk의 모회사인 Western Digital을 인수하려고 시도하다가 미국 정부의 압력으로 좌절되었습니다.

삼성전자, Kioxia의 뒤를 잇는 NAND 업체들이 SK하이닉스와

그림 10_NAND 업계 구도

자료: 시장 자료

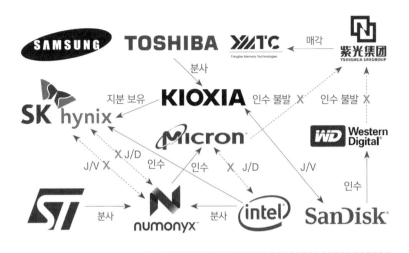

Micron입니다. 과거에는 양 사의 기술과 점유율이 거의 유사한 수준으로 평가받아 왔습니다만 2021년에 SK하이닉스가 Intel의 NAND 부문 인수에 성공하면서 SK하이닉스의 경쟁력이 급격히 강화될 전망입니다.

Intel은 Micron과 생산 설비를 공동 소유하기도 하고 Cross Point라는 차세대 NAND 제품을 공동 개발했던 과거가 있습니다. 그런데 SK하이닉스가 Intel의 NAND 부문을 인수하면서 생산량 측면에서 삼성전자에 이은 2위로 부상하고, Intel의 강점이자 SK하이닉스의 약점이었던 기업용 SSD 시장에서 경쟁력이 크게 강화될 것으로 보입니다.

SK하이닉스는 사모펀드 참여(31%)와 자체 투자(15%)를 통해 Kioxia의 지분을 46%나 보유하고 있습니다. 물론 최대 주주가 아니므로 Kioxia의 경영권이나 지적 재산권에 대한 접근은 어렵습니다만 미래를 대비한 투자로 평가할 수 있습니다. 앞으로는 DRAM 부문처럼 NAND 부문에서도 한국 업체들이 퍼스트 티어, 해외 업체들이 세컨드 티어로 분류될 가능성이 높아진 것이지요.

2015년 이후 NAND의 기술적 방향성이 DRAM과 결정적으로 달라진 부분이 있습니다. DRAM은 앞서 자세히 설명한 것처럼 미세공정 전환을 통해서 생산량을 늘리고 원가를 떨어뜨립니다. NAND도 미세공정 전환을 하고 있습니다만 그보다는 3차원적으로 단수를 올려서 저장 용량을 증가시키는 방법에 좀 더 집중하고 있습니다. 2015년, 2016년에 각각 32단, 48단 3D NAND 생산을 시작으로 현재 NAND 업체들은 128단을 주력으로 생산하고 있으며 176단으로 전환하는 중입니다. 2023년에는 236단, 238단의 생산을 시작할 전망입니다.

NAND에서 3차원 적층이 가능한 것은 DRAM보다 칩의 셀(Cell) 구조가 단순하기 때문입니다. DRAM은 1개의 트랜지스터(Transistor)와 1개의 캐패시터로 구성된 반면 NAND는 1개의 트랜지스터로만 만들어집니다. 반도체 생산 공정이 미세화될수록 셀들의 간격이 좁아지면서 간섭 현상이 심화되고, 점점 작은 셀 안에 전자들을 저장하면서 전자가 손실되는 문제점이 있었습니다.

3D NAND는 2D의 평면으로 펼쳤던 셀을 수직으로 쌓아 이러한

문제점들을 해결했습니다. 마치 인구가 증가하면서 주거 형태가 단독 주택에서 집을 적층하는 아파트로 변해 가는 것과 유사한 현상입니다.

NAND는 MLC(Multi-Level Cell)라는 기술을 사용하여 저장 용량을 늘리는 방식도 도입했습니다. 보통의 반도체는 하나의 셀당 1개의 전자만을 저장하지만 MLC NAND는 트랜지스터의 게이트(Gate)를 여러 개의 전압 레벨로 나누어 셀당 여러 개의 전자를 저장할 수 있습니다. 저장 가능한 전자의 개수에 따라 NAND를 SLC(Single Level Cell), MLC(Multi-Level Cell), TLC(Triple Level Cell), QLC(Quadruple Level Cell)로 분류합니다.

저장 가능 전자가 늘어날수록 용량은 증가하는 반면 칩의 크기는 크게 증가하지 않으므로 원가 측면에서는 QLC로 갈수록 유리합니다. 반면 속도는 SLC가 가장 빠릅니다. 현재 시장의 주력 NAND 제품은 TLC NAND입니다. NAND 부문에서는 앞으로도 3차원 적층 단수 및 저장 전자 개수의 증가가 동시에 진행되며 용량 상승과 원가의 하락을 지속할 것입니다.

현물가격이
고정거래가격보다 중요하다

현물가격과 고정거래가격에 대해서 잠시 알아보겠습니다. 결론적으로 현물가격이 고정거래가격보다 반도체 주가에 미치는 영향이 훨씬 큽니다.

메모리 반도체가 거래되는 시장에는 현물시장과 고정거래시장이 있습니다. 현물시장에서는 유통업자, 모듈 업체, 소규모 고객 간 거래가 매일 소규모로 일어납니다. 주로 거래되는 제품은 PC DRAM, 컨슈머 DRAM, NAND 카드 등입니다. 반면 고정거래시장에서는 반도체 업체들이 Apple, HP, Dell, Google, Amazon 등 대형 고객들과 분기 또는 월 단위로 직접 가격 협상을 통해서 모든 메모리 반도체를 거래합니다.

현물시장의 시장 규모는 전체 거래의 10% 이하에 불과하고 대부분의 거래는 고정거래시장에서 발생합니다. 따라서 메모리 반도체 업체들의 실적에는 고정거래가격이 훨씬 중요합니다. 그런데 왜 주가에는 현물가격이 더 큰 영향을 미칠까요? 이는 현물가격이 고정거래가격의 선행지표 역할을 하기 때문입니다.

그림 11_DRAM 현물가격과 고정거래가격 및 현물가격의 프리미엄

자료: DRAMeXchange

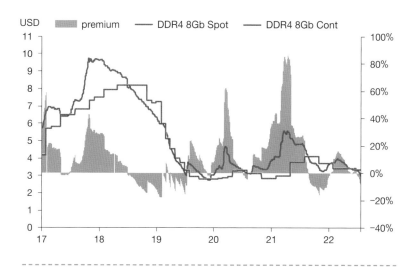

현물시장에서 PC DRAM 가격이 지속적으로 하락하면 고객들은 반도체 업체들과의 고정거래가격 협상에서 주도권을 쥐고 가격 인하를 요구하게 됩니다. 메모리 반도체 업체들은 제품 간 생산 비중을 언제든지 변경할 수 있기 때문에 PC DRAM 현물가격은 DRAM 시장 전체의 수급을 의미한다고 해도 과언이 아닙니다. 반대로 현물가격의 지속적인 상승은 머지않아 고정거래가격의 상승과 메모리 반도체 업체들의 실적 개선이 나타날 것임을 미리 알려 주는 것입니다(그림 11 참조).

마치 주식 시장에서 골든 크로스와 데드 크로스가 있듯이 현물가격이 고정거래가격을 뚫고 상승하거나 하락하는 것은 향후 반도체

업황에 상당한 변화가 있을 것임을 암시합니다. 그러니 반도체 주가의 전망을 위해서는 현물시장의 가격 동향에 주의를 기울일 필요가 있습니다. 참고로 DRAM, NAND 현물가격을 매일 여러 차례 고시하는 업체는 대만의 DRAMeXchange입니다.

반도체의 종류와 정의

반도체를 이해하는 데 도움을 주기 위해 세계반도체협회에서 분류한 메모리, 비메모리 포함 전체 반도체의 계통도와 반도체별 정의를 담은 표를 소개합니다. 반도체 주식 투자와는 큰 관련이 없으므로 이 책에서는 자세한 설명을 생략하겠습니다. 만약 생소한 반도체 이름을 접할 경우 여기에 있는 계통도와 표를 참고하면 대강의 내용을 파악할 수 있을 것입니다.

그림 12_반도체 계통도

자료: SIA

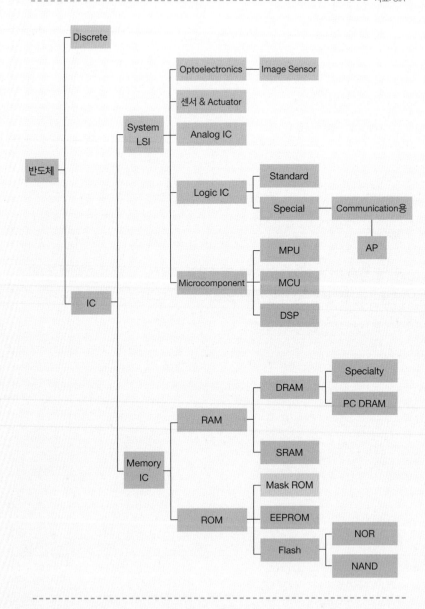

표 1_반도체 종류별 정의

Discrete

트랜지스터, 다이오드, 콘덴서 등 단기능 반도체 소자의 총칭

Power Tr　비교적 높은 전력으로 동작하거나 혹은 전력 이득이 큰 트랜지스터로 증폭용 또는 스위칭 소자로 사용

Integrated Circui

Discrete와 반대 개념으로 1개가 아닌 여러 개의 Tr가 집적되어 있는 회로를 가진 반도체

System LSI
System Large Scale Integrated Circuit의 준말. 디지털화된 전기적 정보(데이터)를 계산하거나 처리(제어, 변환, 가공)할 수 있는 기능이 있는 반도체

Optoelectronics　전자소자들을 광소자들과 함께 단일 기판 위에 집적시켜 광신호를 전기 신호로 변환시켜 주는 IC

Image Sensor　피사체 정보를 전기적인 영상 신호로 변환하는 반도체

Sensor & Actuator　온도, 자기장, 압력 등을 감지하거나 이를 이용하여 기기를 구동하는 반도체

Analog IC　각종 아날로그 신호를 컴퓨터가 인식할 수 있는 디지털 신호로 바꿔주는 반도체

Logic IC　NOT, OR, AND 등 논리회로로 구성된 반도체. 주로 메모리 반도체의 반대 개념으로 불림
범용 Logic과 특수용 Logic으로 나뉘며 특수용에는 가전용, 컴퓨터용, 통신용, 자동차용 Logic이 있음

AP　칩 내부에 용도에 따른 특별한 명령 세트를 넣은 프로세서. 보통 PC의 CPU에 대응하는 개념으로 통신용 특히 모바일 통신 기기의 연산, 제어 기능을 하는 Logic IC를 의미함

Microcomponent　단어의 뜻은 초소형 대집적회로이며 주로 제어, 연산 기능을 하는 초소형 반도체를 의미함

MPU　컴퓨터의 CPU(중앙처리장치)를 LSI화한 것으로 컴퓨터의 연산, 제어 동작을 실행하는 반도체

MCU　Micro Controller Unit. 특정 시스템을 제어하기 위한 전용 프로세서. MCU는 대부분의 전자 제품에 채용돼 전자 제품의 두뇌 역할을 하는 반도체

DSP　디지털 신호를 기계 장치가 빠르게 처리할 수 있도록 하는 반도체. 아날로그 신호인 음성을 디지털화하는 음성 코딩에 주로 사용

Memory IC
데이터를 저장하는 용도로 사용하는 반도체

RAM 기억된 정보를 읽어 내기도 하고 다른 정보를 기억시킬 수도 있는 메모리 반도체. 'Random Access Memory'의 약자로 전원이 끊어지면 휘발유처럼 기록된 정보도 날아가기 때문에 휘발성 메모리라고 함

　DRAM RAM의 일종으로 기억 장치의 내용을 일정 시간마다 재생시켜야 되는 것을 일컬어 '동적(Dynamic)'이란 명칭을 갖게 되었음. 사용처에 따라 스페셜티 DRAM과 PC DRAM으로 나뉨

　SRAM 전원 공급이 계속되는 한 저장된 내용을 계속 유지하는 '정적(Static)' RAM. 속도가 빨라 주로 Cache Memory로 사용되나 가격이 비쌈

ROM 한 번 기록한 데이터를 읽을 수 있지만, 다시 기록할 수는 없는 메모리. Read Only Memory의 약칭

　MASK ROM 제조 과정에서 내용을 미리 기억시켜 놓은 메모리로 사용자가 그 내용을 변경할 수 없는 ROM

　EEPROM 전기적으로 메모리의 내용을 소거하거나 쓸 수 있는 ROM. 종래의 자외선을 조사하여 메모리의 내용을 소거하는 EPROM과 비교해서 내용의 읽기, 쓰기가 용이함

　Flash ROM EEPROM의 발전된 형태로 소거, 기록의 속도가 아주 빨라 Flash라는 이름을 가지게 되었으며 NOR, NAND Flash로 나뉨

　NOR Flash Intel이 개발한 Flash ROM으로 처리 속도는 빠르나 저장 용량이 작고 소비 전력이 큼

　NAND Flash Toshiba가 개발한 Flash ROM. 값이 싸고 구조가 간단하면서도 많은 용량을 저장할 수 있어 휴대용 기기의 대용량 저장 장치로 사용

반도체 주식 투자, 이것만 알면 쉽다 3

경기선행지표

이제부터는 반도체 주식 투자에 직접적으로 관련
이 있는 내용을 알아보겠습니다. 왜 반도체 주가가
실적이나 업황과 다르게 움직이고, 경기선행지표
들과 같이 움직이는지를 설명하고자 합니다.
반도체 밸류에이션 배수 및 주가와 깊은 연관성
을 가진 경기선행지표들은 첫째, 전 세계 유동성
전년 동기 대비 증감률, 둘째, 미국 ISM 제조업지
수, 셋째, 중국 신용자극지수입니다.
반도체 주식에 대한 투자를 할 때는 이 3가지 경
기선행지표를 반드시 참고할 것을 권합니다.

반도체 주가에
영향을 주는 요소들

주가 = 주당 가치 × 밸류에이션 배수

주가를 구성하는 2가지 요소는 주당 순이익(EPS), 주당 순자산가치(BPS)와 같은 주당 가치와 주가수익비율(P/E), 주가순자산비율(P/B)과 같은 밸류에이션 배수입니다. 즉 한 회사의 올해 예상 BPS가 1,000원이고 적정한 P/B 배수가 2.0배라면 그 회사의 적정 주가는 2,000원이 되는 것이지요. 주가가 오르려면 주당 가치가 오르든지, 밸류에이션 배수가 오르든지 해야 합니다. 물론 2가지 요소가 동시에 오른다면 큰 폭의 주가 상승이 나타납니다.

모든 주식에서 주당 가치에 영향을 주는 요소는 당연히 그 회사의 실적입니다. 실적이 잘 나올수록 EPS나 BPS는 상승하고 따라서 주가도 오릅니다. 여기서 한 가지 확실하게 하고 넘어가야 할 것은, 이미 발표되었거나 곧 발표될 실적이 아니라 먼 미래의 실적이라는 점입니다. 발표되었거나 곧 발표될 실적은 진작에 과거 주가에 반영이 끝났기 때문입니다.

그러면 반도체 회사의 실적에 영향을 주는 가장 중요한 지표는 무엇일까요? 당연히 반도체 가격입니다. 대만의 DRAMeXchange는 매일 3차례 DRAM, NAND의 현물가격을 고시하고, 한 달에 한 번 고정거래가격을 발표합니다. 반도체 주식 투자자라면 반도체 현물 가격이 어떻게 변화하는지 www.DRAMeXchange.com에 꾸준히 들어가서 관찰하는 것이 좋습니다.

또 하나의 주가 구성 요소인 밸류에이션 배수는 어떻게 결정되는 것일까요? 한 회사에 적용되는 밸류에이션 배수의 상승과 하락은 첫째, 매크로 경기 전망, 둘째, 해당 산업의 성장성, 셋째, 해당 회사의 경쟁력이 좌우합니다.

삼성전자 밸류에이션 배수에 대해 좀 더 구체적인 예를 들어보겠습니다. 삼성전자 주가에는 첫째, 유동성 증가 등의 이유로 전 세계 경기가 좋아지거나, 둘째, 반도체 산업이 호황기에 접어들거나, 셋째, 주요 사업 부문(예, 파운드리 사업 부문) 등에서 삼성전자의 경쟁력이 크게 강화될 것으로 전망되면 이전보다 높은 밸류에이션 배수가 적용됩니다.

그런데 이 경기 요인, 산업 요인, 회사 경쟁력 요인 중 삼성전자와 같은 반도체 주식 밸류에이션 배수에 가장 큰 영향을 주는 것은 경기 요인입니다. 이는 반도체 산업이 경기에 절대적인 영향을 받는 경기민감 산업이기 때문입니다. 경기가 나빠지면 의식주와 같은 생활 필수 소비재가 아닌 IT 제품에 대한 수요는 더욱 크게 악화됩니다. 그러면 당연히 산업 요인도 곧 악화될 수밖에 없습니다. 이러한 큰 변화는 회사의 경쟁력 강화만으로는 해결될 수 없습니다.

반도체 주가는
실적과 다르게 움직인다

아마도 반도체 투자자들 중에서는 2021년 3월에 반도체 주가가 왜 하락하기 시작했는지 이해하기 어려운 사람이 많았을 것입니다. 당시에 반도체 가격은 상승세를 지속 중이었고, 반도체 업체들의 실적은 시장의 기대치를 크게 상회하고 있었는데 주가는 하락하기 시작했으니 당연한 의문입니다. 주가의 한 축을 주당 가치가 담당하는데, 반도체 가격이 상승하고 업체 실적이 예상을 상회한다는 것은 주당 가치가 좋다는 이야기라 주가도 함께 올라야 하는 것이니 말이지요. 당시에 전문가라는 펀드 매니저, 애널리스트들도 이해할 수 없다는 반응을 보였습니다.

사실 2019년은 전반적으로 삼성전자와 SK하이닉스의 분기 실적이 하락하는 시기였습니다. 3Q18에 17.5조 원에 달했던 삼성전자의 분기 영업이익은 1Q20에 6.4조 원까지 하락했습니다. 그런데도 삼성전자와 SK하이닉스의 주가는 2019년 초부터 오히려 올랐습니다. 이와는 반대로 2021년은 양 사의 분기 영업이익이 본격적으로 회복되는 시기였습니다(그림 13 참조). SK하이닉스의 4Q20 영업이익은

1.0조 원에 불과했지만 1Q21의 1.3조 원으로 개선되기 시작해 4Q21에는 4.2조 원까지 상승했습니다. 그런데 기억하는 것처럼 양 사 주가는 2021년 3월부터 본격적으로 하락했습니다. 즉 반도체 주가는 업체들의 실적과 오히려 반대로 움직이는 모습을 보인 것입니다.

그림 13_SK하이닉스 분기 영업이익과 주가

자료: SK하이닉스

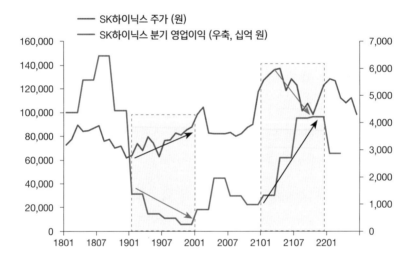

그런데 주가는 주당 가치와 밸류에이션 배수의 곱으로 결정된다는 것을 상기해 보면 왜 최근 반도체 주가가 실적과 다르게 움직이는지를 유추할 수 있습니다. 반도체 가격이 오르고 실적이 예상을 상회해 주당 가치가 상승하는데도 주가가 내려간다면, 주가의 다른 한 축인 밸류에이션 배수가 더 크게 하락하고 있다는 의미입니다.

그럼 삼성전자 주가 흐름을 여러 주당 가치 요인 및 밸류에이션 배수 요인과 비교해서 좀 더 자세히 살펴보도록 하겠습니다. 그림 14의 맨 아랫부분에 삼성전자의 주가를 표시하고 상승기에는 파란색 사각형으로, 하락기에는 회색 사각형으로 표시했습니다. 그림 14의 맨 윗부분에는 DRAM 가격을 의미하는 1Gb 기준 ASP와 메모리반도체 업황을 의미하는 시장 규모를 제시했습니다. 이 2가지 지표는 반도체 업체들의 실적과 직결되는 주당 가치 지표입니다. 또한 중간 부분에 표시한 전 세계 유동성 전년 동기 대비 증감률과 미국 ISM 제조업지수는 반도체 주가의 밸류에이션 배수에 영향을 주는 경기선행지표들입니다.

그림 14에서 2018년 이후 삼성전자 주가와 윗부분의 주당 가치 요인들이 같은 방향성을 보이고 있는지 확인해 보기 바랍니다. 앞서 살펴본 바와 같이 삼성전자 주가는 주당 가치 요인들이 오를 때 하락하고, 반대로 주당 가치 요인들이 떨어질 때 상승하는 모습을 보이고 있음을 알 수 있습니다. 그러니까 2018년 이후에 이번 또는 다음 분기의 삼성전자 실적이 어떨 것인지 또는 반도체 가격이 어떨 것인지를 감안하고 삼성전자 주식을 매매했다면 손실을 봤을 가능성이 높습니다.

반대로 삼성전자 주가와 중간 부분의 경기선행지표들, 즉 전 세계 유동성 전년 동기 대비 증감률 및 미국 ISM 제조업지수의 방향성은 2018년 이전, 이후에도 거의 항상 같은 모습을 보입니다. 즉 경기선행지표들의 방향성에 근거하여 삼성전자 주식에 대한 매매를 했다면 거의 항상 수익을 남겼을 거라는 의미입니다.

그림 14_경기선행지표에 결정적인 영향을 받는 삼성전자 주가

자료: 삼성전자, WSTS, Datastream, Bloomberg

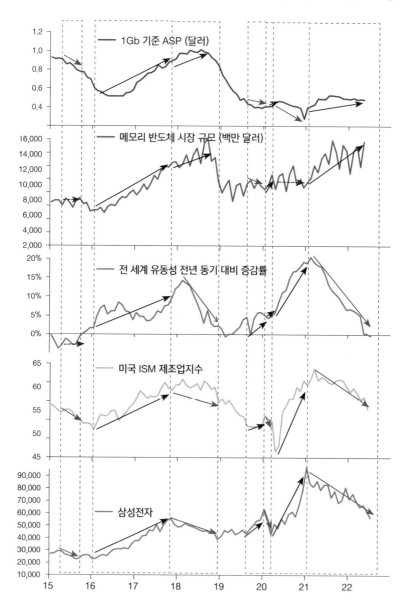

그러면 SK하이닉스의 주가는 주당 가치 요인 및 밸류에이션 배수 요인들과 어떠한 연관성을 보이고 있는지도 살펴보겠습니다. 그림 15에서 나타나는 것처럼 SK하이닉스의 주가 역시 경기선행지표들과 방향성이 거의 같다는 점은 삼성전자와 다르지 않습니다.

그러나 SK하이닉스의 주가는 2018년에는 주당 가치 요인들과 같이 하락했고, 2019년과 2020년에는 반대로 움직였지만 2021년에는 다시 같이 상승하는 모습을 보입니다. 즉 SK하이닉스의 주가에는 실적이나 반도체 업황과 같은 주당 가치 요인들이 시기에 따라 일부 영향을 주는 경우가 있다는 것입니다.

저는 이 점이 SK하이닉스의 주가가 삼성전자의 주가보다 오를 때 더 오르고, 내릴 때 더 내리는 이유라고 생각합니다. 반도체 주가 상승 초기에는 업황과 실적이 나쁘더라도 경기와 수요를 미리 알려 주는 경기선행지표들의 상승 전환을 반영하며 주가가 오르기 시작합니다. 주가 상승기 후반에 가면 경기 호황에 따른 업황과 반도체의 가격 상승이 동반하게 되며, 이에 더 큰 영향을 받는 SK하이닉스의 주가가 삼성전자의 주가보다 더 크게 상승하는 것입니다. 반대로 주가 하락기에는 이와 같은 이유로 SK하이닉스의 주가가 삼성전자의 주가보다 상대적으로 더 하락하는 모습을 보입니다.

그림 15_주당 가치 요인에도 일부 영향을 받는 SK하이닉스 주가

자료: SK하이닉스, WSTS, Datastream, Bloomberg

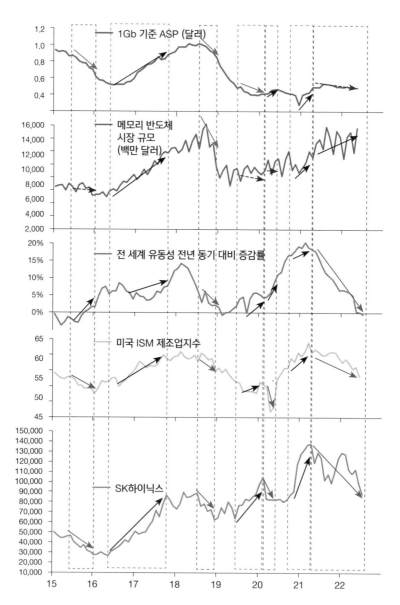

반도체 주가는
경기선행지표들과 함께 움직인다

    반도체 주가는 왜 밸류에이션 배수 요인, 즉 경기선행지표들과 주가의 방향성이 항상 같은 것일까요? 메모리 반도체 시장 규모, 즉 메모리 반도체 업황을 전 세계 유동성 전년 동기 대비 증감률, 미국 ISM 제조업지수, 중국 신용자극지수(Credit Impulse Index) 등의 경기선행지표들과 각각 비교한 그림으로 설명하겠습니다(그림 16 참조).

그림 16_메모리 반도체 업황과 경기선행지표 간 상관관계

자료: Datastream, WSTS, Bloombergg

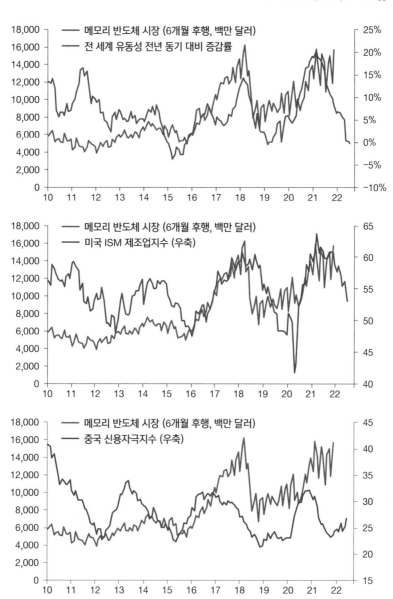

메모리 반도체 업황은 전 세계 유동성 전년 동기 대비 증감률, 미국 ISM 제조업지수, 중국 신용자극지수처럼 향후 매크로 경기를 선행하는 경기선행지표들과 거의 같은 궤적을 나타내고 있습니다. 한 가지 주의할 점은 그림 16에서 메모리 반도체 업황을 6개월 왼쪽으로 당겨 놓았다는 것입니다. 즉 경기선행지표들은 메모리 반도체 업황을 6개월 이상 선행한다는 것입니다. 이는 경기선행지표들이 향후 메모리 반도체에 대한 수요를 미리 알려 주기 때문입니다.

　참고로 현재 경기선행지표들이 이미 큰 폭의 하락세를 보이는 상황에서 메모리 반도체 시장 규모는 아직 높은 수준에 머물고 있으므로, 2022년 하반기 이후 가파른 업황 둔화가 나타날 가능성이 높음을 알 수 있습니다. 물론 반도체 주가는 경기선행지표들과 동시에 하락하기 시작해서 이미 크게 빠진 상태이므로 업황 둔화는 이미 주가에 상당 부분 반영된 것으로 볼 수 있습니다.

　여러분은 반도체 주가가 향후 6개월 이후의 업황 및 업체 실적을 선행하며, 그래서 반도체 주가를 맞추는 것이 어렵다는 전문가들의 이야기를 들어 본 적이 있을 것입니다. 그러나 이는 결과적으로 나타나는 현상일 뿐입니다. 반도체 업황 및 업체들의 실적을 선행하는 것은 주가가 아니고 경기선행지표들이며, 미래 업황과 실적을 반영하는 주가는 이러한 경기선행지표들과 동행하며 움직입니다.

　따라서 반도체 주가를 정확하게 예측하기 위해서는 무엇보다도 경기선행지표들이 앞으로 어떻게 움직일 것인지를 전망해야 합니다. 모두가 잘 아는 것처럼 현재 경기선행지표들에게 가장 큰 영향을 주는 요소들은, 부정적인 측면에서는 미국의 금리 인상이고, 긍정적인 측면에서는 중국의 경기 부양입니다. 즉 '미국 정부의 긴축 강도 대 중국 정부의 경기 부양 강도'에 따라 경기선행지표들이 크게 변하고, 이를 6개월 이상 후행하면서 반도체 업황과 업체 실적이 같은 방향으로 진행한다는 것입니다.

전 세계 유동성
전년 동기 대비 증감률

먼저 최근 반도체 주가에 가장 큰 영향을 미쳐 온 것으로 보이는 전 세계 유동성 전년 동기 대비 증감률에 대해서 설명하겠습니다.

그림 17_전 세계 유동성 전년 동기 대비 증감률과 반도체 주식 P/B 배수

자료: 삼성전자, SK하이닉스, Bloomberg

경기를 미리 알려 주는 선행지표 중 하나인 전 세계 유동성(M2 기준) 전년 동기 대비 증감률과 삼성전자, SK하이닉스의 P/B 배수는 역사적으로 매우 유사하게 움직여 왔습니다. 앞서 말했던 바와 같이 반도체 주식의 밸류에이션 배수에 가장 큰 영향을 미치는 요인은 경기 요인입니다.

2019년에는 실적이 나빴지만 전 세계 유동성 전년 동기 대비 증감률이 상승했으니 밸류에이션 배수가 상승하며 주가가 오른 것입니다. 반대로 2021년에는 실적이 상승하는 구간이었으나 전 세계 유동성 전년 동기 대비 증감률이 급락하면서 밸류에이션 배수가 동반 하락했으므로 반도체 주가가 떨어질 수밖에 없었습니다.

전 세계 유동성 전년 동기 대비 증감률과 반도체 주식의 밸류에이션 배수가 동행 비례 관계인 이유는 여러 가지가 있습니다. 가장 직접적으로는 시중에 돈이 많이 풀려야 투자자들이 주식 시장에 더 많이 진입하게 되기 때문입니다. 또한 유동성이 많다는 것은 시장 금리가 낮다는 말과도 일맥상통하며, 유동성이 풍부한 경기 호황 국면에서는 경기민감 소비재인 IT 제품과 반도체에 대한 수요가 증가한다는 의미이기도 합니다.

따라서 만약 2021년 3월 이후로 하락 중인 전 세계 유동성 전년 동기 대비 증감률이 추세적으로 상승 반전한다면, 반도체 주가 역시 장기 상승 국면에 진입할 것으로 추정할 수 있습니다.

그런데 그림 18을 보면 전 세계 유동성 전년 동기 대비 증감률을 선행하는 지표가 있는데 바로 세 번째 경기선행지표로 제시되었던 중국 신용자극지수입니다.

그림 18_중국 신용자극지수와 전 세계 유동성 전년 동기 대비 증감률

자료: Bloomberg

역사적으로 중국 신용자극지수는 전 세계 유동성 전년 동기 대비 증감률을 반년가량 선행하는 모습을 보여 왔습니다. 즉 2012년, 2015년, 2019년의 경우처럼 중국에서 돈을 풀기 시작하면 대략 반년 후에 전 세계 유동성 전년 동기 대비 증감률이 상승하기 시작한다는 이야기입니다. 그렇다면 중국 신용자극지수가 2021년 10월에 저점을 찍고 11월부터 반등하기 시작했으니 곧 전 세계 유동성 전년 동기 대비 증감률과 반도체 주가의 상승이 나타날 수 있을까요?

이러한 판단을 내리기 전에 투자자들이 고려해야 할 것이 또 하나 있습니다. 2022년 현재와 2012년, 2015년, 2019년이 다른 점은 현재 강력하게 진행 중인 미국의 긴축이 당시에는 발생하지 않았다는 것입니다. 전 세계 유동성에는 중국의 유동성뿐 아니라 미국의 유동성도 포함됩니다. 그러므로 향후 미국의 금리 인상 등 긴축의 강도가 전 세계 유동성과 반도체 주가에 지속적으로 영향을 미칠 것입니다.

미국 ISM 제조업지수

많은 투자자가 이미 알고 있는 미국 ISM 지수는 미국 구매자관리협회(Institute for Supply Management: ISM)가 미국 내 20개 업종 400개 이상 회사의 구매 관리자들을 대상으로 설문 조사를 실시해 매달 산출하는 지수입니다.

ISM 지수는 제조업지수와 서비스업지수의 2가지로 발표되는데, 두 지수 모두 50 이상이면 경기 성장을, 50 이하면 하락을 예고합니다. 신규 주문, 생산, 고용, 원자재 공급, 재고의 5개 분야에 대해 구매 관리자들이 악화, 유지, 개선이라고 답하면 ISM이 이를 수치화해 지수를 산출하는 방식입니다. 미국의 긴축 및 금리 인상이 전 세계 경기와 반도체 주가에 미치는 영향을 가장 잘 나타내는 경기선행지표는 미국의 ISM 지수 중 특히 제조업지수입니다.

최근 한국 반도체 주가의 하락 이유로 가장 많이 언급되는 것이 미국의 정책 금리 인상입니다. 그런데 왜 미국에서 정책 금리를 인상하면 한국의 반도체 주가가 하락할까요?

그림 19에 미국의 정책 금리와 ISM 제조업지수를 비교해 놓았습

니다. 보는 바처럼 미국 ISM 제조업지수가 미국 정책 금리를 약간씩 후행하며 비슷한 궤적을 나타내고 있습니다. 그런데 미국 정책 금리가 역축으로 그려져 있으니, 실제로는 미국 ISM 제조업지수가 미국 정책 금리를 후행하며 반비례하는 것입니다.

즉 미국 연방준비위원회에서 금리를 큰 폭으로 여러 차례 인상하면 할수록 미국 ISM 제조업지수는 머지않아 빠르게 하락할 가능성이 높다는 의미입니다. 2022년에 들어 미국 정책 금리가 3월에 0.25%, 5월에 0.5%, 6월에 0.75% 인상되면서 미국 ISM 제조업지수 역시 하락이 본격화되는 모습이 나타나고 있습니다.

그림 19_미국 정책 금리와 미국 ISM 제조업지수 간 관계

자료: Datastream

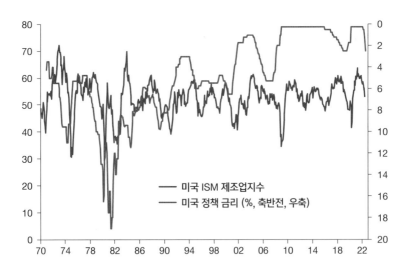

그림 20_미국 ISM 제조업지수와 OECD 경기선행지수 간 관계

자료: Datastream

그런데 미국 ISM 제조업지수는 전 세계 선진국 경기를 선행하는 OECD 경기선행지수와 역사적으로 동행 비례하는 모습을 보여 왔습니다(그림 20 참조). 즉 미국에서 금리를 강하게 인상하면 미국 ISM 제조업지수가 급락하고, 일정 시간이 지나면 OECD 국가들의 경기가 급랭하게 된다는 말입니다.

한국 반도체 업체들은 중국에 가장 많은 반도체를 판매하지만 미국, 유럽, 일본 등에도 반도체를 판매하고 있으므로 OECD 국가들의 경기와 반도체 업황 및 실적과 연관성이 높을 수밖에 없습니다. 그러한 이유로 한국 반도체 업체들의 밸류에이션 배수는 미국 ISM 제조업지수와 역사적으로 유사한 모습을 보입니다(그림 21 참조).

그림 21_삼성전자, SK하이닉스 P/B 배수와 미국 ISM 제조업지수

자료: Datastream, 삼성전자, SK하이닉스

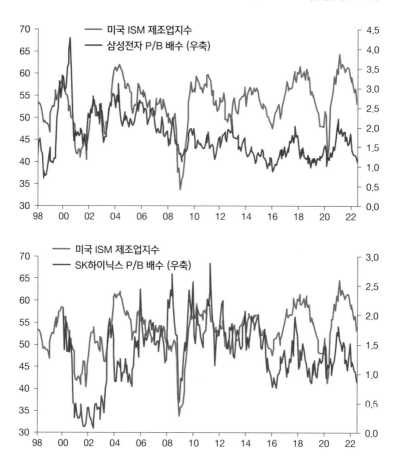

따라서 최근 미국의 금리 인상은 미국 ISM 제조업지수의 급락을 이끌고 OECD 국가들의 경기 악화와 반도체 수요 둔화로 이어질 것이 예상되므로, 이를 반영하여 한국 반도체 주식의 밸류에이션 배수와 주가가 하락한 것으로 해석할 수 있습니다.

2022년 6월 들어 예상을 상회하는 인플레이션 발생에 따라 기존 시장 컨센서스(Consensus)보다 더욱 강력한 금리 인상이 불가피하게 되었습니다. 이는 이미 역사적 저점 수준에 근접하던 삼성전자, SK 하이닉스의 P/B 배수와 주가에 추가적인 하방 압력을 행사하는 중입니다.

향후 반도체 주식 매매를 결정할 때, 미국의 정책 금리 인상 속도가 현재 시장의 컨센서스에 비해서 어떻게 변화하는지, 미국 ISM 제조업지수의 방향성은 어떻게 형성되는지를 반드시 확인할 필요가 있습니다.

중국 신용자극지수

현재 미국의 금리 인상은 한국 반도체 주가에 부정적인 영향을 주는 반면, 향후 긍정적인 영향을 줄 것으로 기대되는 것은 중국의 경기 회복입니다. 중국의 경기 및 IT 수요 강도를 미리 알려 주는 대표적인 지표가 중국 신용자극지수이므로 반도체 투자에서 동 지수를 꾸준히 관찰하는 것은 매우 중요합니다.

사실 역사적으로 보면 메모리 반도체 주가에는 미국보다 중국의 경기 및 IT 수요가 더 큰 영향력을 행사해 왔습니다. 그림 22에 나타나듯이 메모리 반도체 주식 밸류에이션 배수와 역사적으로 가장 유사한 모습을 보여 온 지표는 중국의 IT 소매 매출(수요) 전년 동기 대비 증감률입니다.

2021년 3월에 중국의 IT 수요 증감률이 급락하기 시작하면서 한국 메모리 반도체 주가의 하락이 동시에 발생한 바 있습니다. 또한 중국의 IT 수요 전년 동기 대비 증감률은 2022년 5월까지 하락 추세를 이어갔는데, 저는 이것을 한국 반도체 주가가 부진했던 가장 큰 이유로 생각합니다.

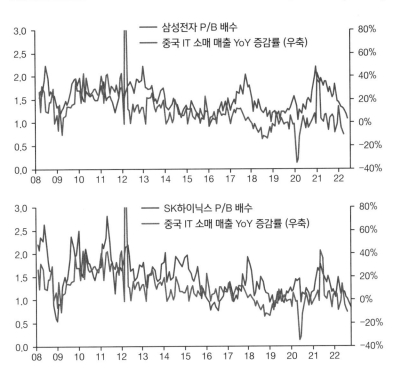

그림 22_반도체 P/B 배수와 중국 IT 수요 전년 동기 대비 증감률

자료: Datastream, Bloomberg

이렇게 중요한 중국 IT 수요 전년 동기 대비 증감률을 선행하는 지표가 바로 중국 신용자극지수입니다(그림 23 참조). 중국 신용자극 지수는 중국 민간 부문의 신규 대출 및 채권 발행액이 GDP에서 차지하는 비중을 의미하는 것으로, 동 지수가 상승하면 민간의 수요와 경제 활동이 증가합니다.

최근의 중국 IT 수요 사이클을 보면, 중국 정부가 세계에서 가장 빠르게 긴축에 들어가며 2020년 12월부터 중국 신용자극지수가 하락하기 시작했고, 이에 따라 2021년 3월에는 중국 IT 수요 전년 동기 대비 증감률이 급락했습니다. 그리고 한국 반도체 주가도 동일한 시기에 하락 사이클에 진입했습니다.

그림 23_중국 신용자극지수와 IT 수요 전년 동기 대비 증감률

자료: Datastream, Bloomberg

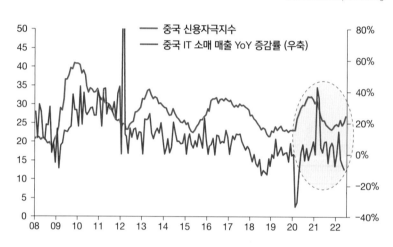

그러면 메모리 반도체 주가가 하락하기 시작한 2021년 3월부터 중국 신용자극지수가 저점을 형성한 2021년 10월까지의 주가 흐름을 한번 되짚어 보겠습니다. 당시에 미국, 유럽 등 모든 지역에서 주가가 상승하는 가운데 중국과 한국 주가만 하락했습니다. 같은 반도체 업종 내에서도 미국의 Nvidia, AMD 등의 주가는 상승세를 지속한 반면, 같은 필라델피아 반도체 지수(SOX) 안에 속하는 Micron의 주가는 한국 반도체 주가와 마찬가지로 급락하는 모습을 보였습니다. 왜 이렇게 상반된 주가 흐름이 나타났던 것일까요?

Nvidia와 AMD 등은 Amazon, Google, Facebook과 같은 미국의 빅테크 업체들에게 사업의 상당 부분을 의존하는 시스템 반도체 업체들입니다. 그런데 당시에 미국 경기와 미국 빅테크 업체들의 업황 및 실적 전망은 매우 양호했습니다. 그러니 이들 반도체 업체들의 주가도 상승이 가능했던 것입니다.

반면에 Micron이나 한국 반도체 업체들은 메모리 반도체 업체들이고 메모리 반도체는 미국보다 중국의 경기와 IT 수요에 훨씬 더 크게 의존합니다. 예를 들어 DRAM 전체 수요에서 서버 부문이 차지하는 비중은 대략 40% 수준이고 이 중 절반인 20%는 HP, Dell, Lenovo 등 전통적인 브랜드 서버 업체들이 차지합니다. 즉 나머지 20%가 빅테크 업체들의 클라우드 컴퓨팅(Cloud Computing) 사업에 의존하는데, 이 중 미국 빅테크 업체의 비중이 약 90%이니 메모리 반도체 수요에서 미국 빅테크 업체들에게 전적으로 의존하는 비중은 약 18% 정도입니다. 그러면 DRAM 전체 수요에서 80%를 상회하는 부분이 중국의 경기나 IT 수요에 크게 좌우되는 PC, 스마트폰, 중국 빅테크 부문 등이라는 것입니다.

2021년 3월부터 10월까지는 이미 언택트 수요의 둔화가 가시화되고 있었고, 특히 중국의 신용자극지수와 IT 수요 증감률이 그림 23에서 보는 것처럼 하락 중이었으니 메모리 반도체 주가도 하락할 수밖에 없었던 것입니다.

다행히 중국 신용자극지수는 2021년 10월에 저점을 형성하고 11

월부터 반등하기 시작했습니다. 과거의 경험대로라면 중국 IT 수요 전년 동기 대비 증감률도 중국 신용자극지수의 반등에 따라 진작에 상승 반전했어야 합니다. 사실 2022년 3월에 중국 IT 수요 전년 동기 대비 증감률이 크게 반등해 메모리 반도체 업황과 주가 상승에 대한 기대감이 발생했습니다. 그런데 2022년 4월과 5월에 중국의 IT 수요 전년 동기 대비 증감률이 재하락했으니 메모리 반도체 주가가 여전히 약세에서 벗어나지 못했던 것입니다.

이렇게 과거와 다른 현상이 나타나는 이유는 2022년 3월부터 중국의 주요 대도시에서 코로나19 확산을 막기 위한 도시 봉쇄가 시작되었기 때문입니다. 상하이, 쿤산, 베이징 등 도시들에 대한 전면적인 봉쇄에 따라 그간 완화 중이던 IT 부품 공급 및 물류 지연 문제가 재발했고 PC, 스마트폰의 생산 차질과 중국 내 IT 수요의 둔화까지 겹치는 상황이 나타난 것입니다.

사실 중국에서는 이미 경기와 IT 수요가 회복될 준비가 진행 중입니다. 그림 24를 보면 중국 지방 정부들의 2022년 상반기 특수채 발행액은 2021년 상반기보다 크게 증가했고, 인프라 투자액 전년 동기 대비 증감률도 2021년 3분기부터 상승하는 모습을 보이고 있습니다. 그림 25에 사각형으로 표시해 놓은 부분에서 보는 바와 같이, 중국이 경기 부양을 실시했던 시기에는 반드시 중국의 IT 수요가 개선되는 모습이 나타났습니다. 게다가 중국의 향후 경기를 미리 알려주는 경기선행지수 전년 동기 대비 증감률도 2022년 3월부터 회복되고 있습니다.

그림 24_중국 정부 특수 목적 채권 발행액과 인프라 투자액 증감률 추이

자료: Datastream, Bloomberg

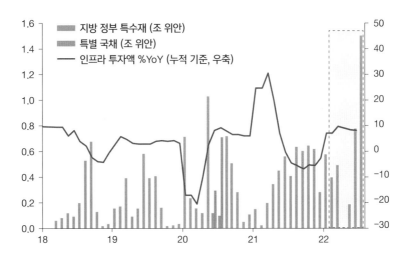

그림 25_중국 경기선행지수와 IT 수요의 전년 동기 대비 증감률

자료: Datastream, Bloomberg

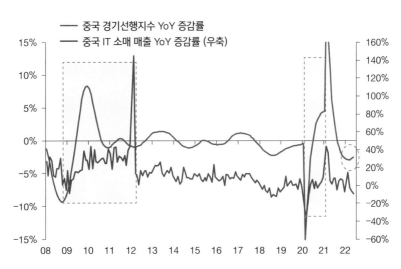

향후 중국 중앙 정부가 특별 국채를 발행하거나 정책 금리를 추가 인하한다면 중국 신용자극지수는 상승세를 지속하게 될 것입니다. 여기에 더해 중국의 도시 봉쇄 해제가 더욱 본격화되면 중국의 스마트폰, PC 생산과 출하가 증가하고 그동안 눌렸던 만큼 IT 수요도 탄력적으로 회복할 수 있을 것으로 전망합니다. 그러면 중국의 IT 수요 전년 동기 대비 증감률과 밀접한 상관성을 보이는 메모리 반도체 주가의 상승도 충분히 기대할 수 있을 것입니다.

따라서 반도체 주식에 대한 매수를 고려하는 투자자라면 중국 신용자극지수의 상승 지속과 도시 봉쇄 해제 효과에 따른 중국 IT 수요 전년 동기 대비 증감률의 상승 반전 여부를 반드시 확인할 필요가 있습니다.

반도체 주식 투자, 이것만 알면 쉽다 4

반도체 주식 투자 방법

이번 장에서는 앞서 말했던 중요한 경기선행지표
들과 반도체 주가의 동행 관계 및 반도체 주식들
의 역사적인 밸류에이션 밴드를 이용한 구체적인
투자 방법을 알려 주고자 합니다. 단 그 전에 반도
체 주식 투자를 위한 다음 몇 가지 원칙을 다시 한
번 상기하고자 합니다.

1. 반두체 주식 투자는 무조건적인 장기 투자보다
사이클을 이용한 투자여야 한다.
2. 경기선행지표들과 P/B 밸류에이션을 이용한
분할 매매가 효과적이다.
3. 반도체 주식 투자는 최소 1년 이상의 장기 투
자를 해야 한다.

반도체 주식 투자를 위한
몇 가지 원칙

    삼성전자와 SK하이닉스 같은 초우량주들은 장기적으로 보면 상승 추세에 있으므로 언제든지 매수해도 좋다는 주장이 있습니다. 물론 맞는 이야기입니다만 이러한 초우량주들의 주가도 1~2년간의 급락 국면이 일정 시기마다 나타나고, 수년간 주가가 일정한 구간에서 벗어나지 못하는 모습을 보이기도 합니다. 이는 이 책의 앞부분에서 말했던 것처럼 반도체 업황과 업체들의 실적에는 산업의 특성상 반드시 사이클이 존재할 수밖에 없고, 미래를 반영하는 반도체 주가도 이에 따라 사이클을 형성하기 때문입니다.

    투자자들의 입장에서는 수년 동안 손실을 감내하면서 버틴다는 것이 말처럼 쉬운 일이 아닐 것입니다. 매우 고통스러운 과정이기도 하고, 그 동안의 기회비용을 생각하면 비생산적인 일이기도 합니다. 따라서 저는 반도체 주식 투자를 위해서는 주가 사이클을 이용한 투자가 필수라고 생각합니다.

    안전성을 중시하는 투자자들은 향후 경기와 반도체 업황을 선행하는 경기선행지표들이 어느 정도 상승세가 확고해지는 시점에 매수를 개시하는 것이 좋습니다. 다만 이러한 경우 경기선행지표가 발표되는 것이 해당 월보다 한 달 이상 지난 시점이고, 상승 추세를 확인하려면 수개월이 필요하므로 주가가 상당히 오른 이후에나 매수가 가능합니다. 따라서 수익률이 제한될 수밖에 없습니다.

그래서 저는 반도체 주식 투자에서 가장 효과적인 방식으로, 주가의 추세적 방향성을 확인하는 도구로 경기선행지표들을 활용하는 동시에 각 주식의 역사적 밸류에이션 밴드를 이용해서 저점에서 분할 매수하고 고점에서 분할 매도하는 것을 권고합니다.

삼성전자와 SK하이닉스에 대해 구체적인 투자 방법을 알아보기 전에 먼저 확실히 정해 놓아야 할 것이 있습니다. 반도체 주식 투자에 이용하는 밸류에이션 방식은 여러분이 잘 아는 P/E 밸류에이션이 아닌 P/B 밸류에이션 방식이어야 한다는 점입니다.

한 회사의 미래 주가를 전망하기 위해서는 과거 그 회사에 적용되었던 밸류에이션 배수들이 어느 정도의 규칙성을 보여 줘야 합니다. 즉 과거 주가 하락기에 보통 어느 정도의 배수에서는 더 이상 주가가 하락하지 않았다든가, 상승기에는 어느 정도의 배수에서 수가가 상승을 멈췄다든가 하는 규칙성을 말합니다.

P/E 밸류에이션에서는 대상 회사가 당기 순적자를 낼 경우, 적정 주가를 아예 도출할 수가 없습니다. EPS(주당 순이익)가 마이너스라도 Price(주가)는 마이너스일 수가 없으니까요. 또한 반도체 업체들의 과거 P/E 배수 상단과 하단을 보면 시기마다 편차가 너무 크고, 어떠한 기준에서 그러한 상단과 하단 배수들이 결정되는지를 설명

하기 어렵습니다.

그림 26을 보면 SK하이닉스의 2013년 1월 이후 월별 P/E 배수들이 전 세계 유동성 전년 동기 대비 증감률과 비교하여 나타나 있습니다. 2013년 1월부터 보여 주는 이유는 SK하이닉스가 2011년과 2012년에 당기 순적자를 기록하여 마이너스 P/E 배수가 나왔기 때문입니다.

그림 26_전 세계 유동성 전년 동기 대비 증감률과 SK하이닉스 P/E 배수

자료: SK하이닉스, Bloomberg

2013년 이후에도 경기선행지표의 흐름과 큰 상관없이 2017년과 2018년에는 최저 2.7배에서 최고 6.2배의 매우 낮은 P/E 배수 밴드가 기록된 반면, 2019년과 2020년에는 최저 10.1배에서 최고 35.1배에 달하는 높은 밴드가 형성되었습니다. 이러한 불규칙적인 과거의 경험으로는 미래 주가 전망을 위해서 이 정도의 경기, 반도체 업황

이라면 이 수준의 배수를 적용할 수 있다는 가정을 세울 수가 없습니다.

반면 그림 27에 나와 있는 SK하이닉스의 2013년 1월 이후 월별 P/B 배수와 전 세계 유동성 전년 동기 대비 증감률을 살펴보면, 우선 SK하이닉스의 P/B 배수는 전 세계 유동성 전년 동기 대비 증감률과 변곡점에서 거의 일치하는 모습을 보입니다. 따라서 주가 상승과 하락의 추세적 흐름을 판단하기 쉽습니다.

그림 27_전 세계 유동성 전년 동기 대비 증감률과 SK하이닉스 P/B 배수

자료: SK하이닉스, Bloomberg

또한 SK하이닉스의 P/B 배수는 역사적으로 각 사이클별 상단과 하단의 배수들이 거의 유사한 수준을 기록하고 있습니다. 향후 경기 및 반도체 업황 전망에 기반을 둔 적정 배수를 가정하고, 이를 활용

해 매수 및 매도를 결정하기가 쉽다는 의미입니다.

　이러한 이유에 따라 반도체 주가 전망 및 목표 주가 산정을 위해서 거의 모든 애널리스트가 P/E가 아닌 P/B 밸류에이션을 사용하는 것입니다. 앞으로 저도 삼성전자와 SK하이닉스에 대한 투자 방식을 설명하기 위해 P/B 밸류에이션을 활용하겠습니다.

　그런데 최근에는 반도체 주가의 상승 사이클이 보통 1년 반에서 2년 정도 이어지는 것이 일반적입니다. 그러므로 하락 사이클의 말미에서 주식을 매수할 경우, 충분한 주가 상승이 나타날 때까지 상당한 시간이 필요합니다. 따라서 반도체 주식에 대한 투자 기간은 최소 1년 이상을 계획하는 것이 좋다는 점도 잊지 말기 바랍니다.

장기 투자자를 위한
삼성전자 주식 매매 방법

먼저 삼성전자 주식을 매수할 때 어떠한 것들을 고려해야 하는지를 제시하고 이후 매도 시의 구체적인 방법에 대해 설명하겠습니다.

삼성전자 주식에 대한 매수를 결정할 때에는 전 세계 유동성 전년 동기 대비 증감률, 미국 ISM 제조업지수, 중국 신용자극지수 등 경기선행지표들이 현재 상승 초기 국면인지, 아니면 하락의 말기 국면에 있는지를 먼저 확인할 필요가 있습니다. 경기선행지표들도 사이클이 반복되고 한 번 상승이나 하락으로 방향을 잡으면 최소한 1년간은 방향성이 지속됩니다. 따라서 경기선행지표들의 하락이 막 시작되었거나 상승이 장기간 이미 진행된 상황이면 매수를 서두를 이유가 없습니다.

최근의 예를 들어 보면 중국 신용자극지수가 하락하기 시작한 2021년 말부터 전 세계 유동성 전년 동기 대비 증감률과 미국 ISM 제조업지수가 하락을 개시한 2022년 1분기 사이는, 실적이 아무리 좋고 반도체 가격이 오르더라도 삼성전자 주식을 매수해서는 안 되는 기간이었던 것입니다.

경기선행지표들의 하락이 마무리 중이거나 상승 초기임을 확인하고 나면 삼성전자 주가가 역사적인 P/B 밴드 상에서 현재 어느 국면에 위치하고 있는지를 살펴봐야 합니다. 여기서 중요한 점은 P/B 배수가 Price(주가)를 BPS(주당 순자산 가치)로 나눠 도출하는 것이므로, 정확한 BPS를 알아야 한다는 것입니다. BPS는 애널리스트들의 보고서에서 확인할 수 있고, 여러 애널리스트의 전망치를 비교해 놓은 사이트도 있으니 그곳들을 참고하기 바랍니다.

예를 들어 삼성전자의 현재 주가가 5만 원인 상황에서 A애널리스트가 생각하는 BPS는 6만 원이고 B애널리스트가 생각하는 BPS는 5만 원이면, A와 B가 도출한 현재 삼성전자의 P/B 배수는 0.8배와 1.0배로 서로 다릅니다. 즉 A는 B보다 삼성전자의 현재 주가가 20% 저평가되어 있는 것으로 본다는 의미이죠.

여기에서 중요한 점을 하나 말하자면, 반도체 주식 매수 시에는 여러 애널리스트의 BPS 중 반드시 가장 낮은 수치를 채택해서 P/B 배수를 계산해야 한다는 것입니다. 반도체 업황은 항상 시장의 예상보다 호황기에는 더욱 좋고, 불황기에는 더욱 나쁜 경향이 있습니다. 게다가 애널리스트들은 이전 업황 사이클의 방향성에 적응되어 있는 상태이므로, 대부분 호황기에는 실적을 과소 전망하고 불황기에는 과대 전망합니다.

따라서 반도체 주식 매수 시에는 가장 보수적인 실적 전망을 하는 애널리스트의 가장 낮은 BPS를 채택해야 합니다. 그래야 현재 그 주식의 정확한 P/B 밴드상 위치를 파악할 수 있는 가능성이 높습니다.

경기선행지표들이 하락기의 말미나 상승기의 초반에 위치하고 있음을 확인했고, 시장에서 가장 보수적인 애널리스트의 BPS 전망치를 기반으로 현재 삼성전자의 P/B 배수를 알아봤다면, 그다음으로 투자자들이 삼성전자 주식 매수를 위해서 할 일은 무엇일까요?

그림 28을 보면 역사적으로 주가 하락기에 삼성전자의 P/B 배수는 하단이 0.94~1.24배 구간에서 형성되어 왔음을 알 수 있습니다. 리먼 사태가 있었던 2009년 1월에 1.17배, 유럽 재정 위기가 발생한 2011년 8월에 1.24배, 중국의 신용 위기가 있었던 2016년 1월에 0.94배, 미중 무역 전쟁 초기였던 2018년 12월에 1.04배, 코로나 19가 확산되던 2020년 3월에 1.08배의 저점 P/B 배수를 기록했습니다. 그리고 이 다섯 저점 배수의 평균값은 1.10배로 계산됩니다.

저는 여러분이 파악한 가장 보수적인 현재 삼성전자의 P/B 배수가 1.1배 수준이라면 이때부터는 과감히 분할 매수에 들어갈 것을 권합니다. 물론 평균 저점 배수인 1.1배 이하로 삼성전자 주가가 하락하거나, 역사적 저점 배수인 0.94배까지 하락할 가능성도 있습니다. 만약 향후 경기가 과거에 봤던 위기보다 더 악화된다면 역사적 최저점 배수인 0.94배 밑으로 하락할 가능성이 없는 것도 아닙니다.

그림 28_전 세계 유동성 전년 동기 대비 증감률과 삼성전자 P/B 배수 밴드

그러나 과거의 수많은 투자 경험에서 알 수 있는 것은 이 정도까지 삼성전자 주가가 이미 하락한 경우, 저점 배수 수준에서 머무는 기간은 매우 짧고 1년 이상의 투자 기간을 가져간다면 반드시 상당한 수익이 발생했다는 점입니다.

주식 투자에는 100% 확실한 것은 없으므로 확률에 기반한 투자가 최선입니다. P/B 1.1배 수준에서 삼성전자 주식을 매수할 경우, 만약 역사적 최저점 배수인 0.94배까지 주가가 추가 하락한다 해도 최대 손실률은 15%입니다. 그러나 장기 하락장이라도 반드시 발생하는 베어마켓랠리(Bear Market Rally) 때는 보통 역사적 평균 배수, 즉 1.5배까지 삼성전자 주가가 반등하는 경우가 많습니다. 즉 P/B

반도체 주식 투자 방법 **123**

1.1배에서 삼성전자 주식을 매수한다면 1년 내에 적어도 1.5배까지 40%에 가까운 수익이 날 가능성이 높다는 것입니다.

따라서 P/B 1.1배에서의 매수는 아래로 최대 15%의 손실 위험과 위로 40%가량의 이익 가능성을 의미하므로 확률상 매우 유리한 투자가 되는 것입니다. 물론 P/B 1.1배 수준에서 매수한 이후 보유 기간을 더욱 길게 가져가고 만약 경기와 반도체 업황 회복이 동반된다면, 밸류에이션 배수와 주당 가치가 동시에 상승하며 100% 이상의 수익률 발생도 충분히 가능합니다.

1년 이상의 장기 투자를 위한 삼성전자 주식 매수 결정 과정을 다시 한 번 정리하겠습니다.

첫째, 경기선행지표들(전 세계 유동성 전년 동기 대비 증감률, 미국 ISM 제조업지수, 중국 신용자극지수 등)이 사이클상 하락의 말기 또는 상승의 초기에 있는가를 확인한다.

둘째, 업계에서 가장 보수적으로 삼성전자의 실적을 전망하는 애널리스트의 가장 낮은 BPS를 채택하여 현재 주가의 P/B 배수를 도출한다.

셋째, 현재 P/B 배수가 삼성전자의 역사적인 P/B 밴드상 어느 정도 수준에 있는지를 확인한다.

넷째, 현재 P/B 배수가 역사적 저점 배수들의 평균값인 1.1배에 근접해 있다면 지금부터 주가 하락 시마다 분할 매수를 개시한다.

그럼 삼성전자 주식 매도는 어떠한 방법으로 하는 것이 좋을까요? 기본적으로 매수할 때와 똑같은 절차로 진행하되 몇 가지 부분에서 반대 수치들을 참고하면 됩니다.

우선 현재 경기선행지표들이 사이클상 상승의 말기 또는 하락의 초기에 있는지를 확인해야 합니다. 만약 지금 경기선행지표들이 상승을 시작한 지 얼마 안 되었거나 하락의 말기에 있을 경우, 삼성전자 주식을 매도하면 앞으로 발생할 수익의 대부분을 얻지 못하게 됩니다.

경기선행지표들의 위치가 상승의 말기 또는 하락의 초기에 있음을 확인한 다음에는 현재 삼성전자 주가의 P/B 배수가 몇 배인지를 도출해야 합니다. 단 매도할 경우에는 굳이 가장 공격적인 애널리스트의 가장 높은 BPS를 채택하는 것보다 시장 전망치의 평균값에 해당하는 BPS를 채택할 것을 권합니다.

물론 시장에서 가장 높은 전망치보다도 실제 실적이 더 잘 나올 경우에는 BPS 평균값에 기반을 두어 매도하면 수익률을 최대로 거둘 수 없습니다. 그러나 BPS 전망치의 최댓값과 평균값 사이에 그리 큰 차이가 나는 경우는 드물기 때문에, 주식 투자에서 안정성을 가장 중요하게 생각한다면 평균값을 채택하는 것도 나쁜 선택은 아닙니다.

시장 평균 BPS 전망치를 채택하여 현재 삼성전자 주가의 P/B 배수를 도출한 다음에는 과거 삼성전자 주가 상승기의 고점 P/B 배수들과 비교해 보는 과정이 필요합니다. 과거 삼성전자의 주가 상승기의 고점, 즉 2008년 5월, 2009년 12월, 2012년 12월, 2017년 10월,

2021년 1월에 동사 P/B 배수는 각각 2.24배, 1.98배, 2.23배, 2.05배, 2.23배를 기록했고 이 배수들의 평균값은 2.14배였습니다. 그러므로 현재 삼성전자 주가의 P/B 배수가 2.0배에 근접 중이라면 매도를 위한 마음의 준비를 할 필요가 있습니다. 이후 고점 배수들의 평균값인 2.1배에 해당하는 주가까지 점진적으로 분할 매도를 하는 것이 적절한 전략일 것입니다.

자, 그럼 2022년 7월 초 현재는 삼성전자 주식 매매에 대해서 어떠한 전략을 사용하는 것이 적절할까요?

먼저 현재 경기선행지표들의 사이클상 위치를 확인해 보겠습니다(그림 29 참조). 전 세계 유동성 전년 동기 대비 증감률은 7월 현재 -0.3% 수준으로 2015년 3월의 최저점 -3.8%에 비하면 아직은 높은 상황이고, 향후 미국에서 발생할 지속적인 금리 인상 및 양적 긴축(QT)을 감안하면 당분간 하락세가 좀 더 이어질 가능성이 높은 것으로 보입니다.

그러나 사이클상 하락기의 후반에 위치한 것은 명백하고 중국에서는 미국과 반대로 경기 부양을 위해 유동성을 늘리고 있으므로, 전 세계 유동성 전년 동기 대비 증감률의 상승 전환이 아주 요원한 것은 아닌 것으로 판단됩니다.

그림 29_현재 주요 경기선행지표들의 사이클상 위치

자료: Datastream, Bloomberg

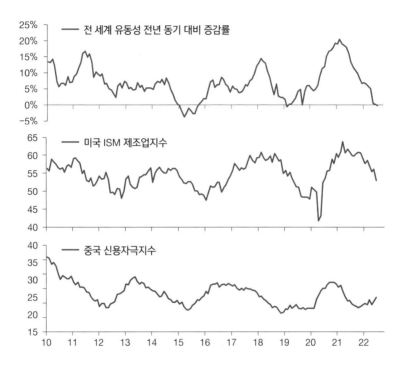

미국 ISM 제조업지수 역시 아직 사이클상 최저점에 이르기에는 다소 시간이 더 필요한 것으로 보입니다. 미국 ISM 제조업지수는 2021년 3월에 63.7의 최고점을 기록한 이후 2022년 7월에 52.8까지 하락했는데, 코로나19 때처럼 생산 활동이 중지되는 특수한 경우를 제외하면 과거 저점이 거의 45~50 수준에서 형성되었습니다.

앞서 알아본 바처럼 미국 ISM 제조업지수는 미국의 정책 금리를 후행하며 반비례해 왔고, 그 하락 사이클이 대략 1년 반에서 2년간 지속되는 경향이 있습니다. 따라서 2021년 4월부터 하락 사이클이 시작된 미국 ISM 제조업지수는, 미국의 금리 인상이 지속될 2023년 1분기까지 하락세가 이어질 가능성이 높은 것으로 판단됩니다. 다만 현재까지의 하락 폭과 기간에 비해, 향후 예상되는 추가 하락 폭과 기간이 훨씬 낮고 짧을 가능성은 매우 높은 것으로 보입니다.

그림 22에서 나타났듯이 역사적으로 메모리 반도체 주가와 가장 연관성이 높은 지표는 중국의 IT 수요 증감률입니다. 그런데 중국의 IT 수요 증감률을 선행해 온 중국 신용자극지수는 이미 2021년 10월에 23.2로 저점을 형성하고 2022년 6월 현재 26.8까지 반등한 상황입니다.

중국 정부가 지속적으로 지방 정부 특수채권 발행액을 늘리는 등 경기 부양의 의지를 천명하고 있으므로 향후에도 중국 신용자극지수의 상승 가능성은 높습니다. 만약 도시 봉쇄 해제 효과가 본격화되면 중국 IT 수요 증감률의 반등은 시간문제일 것입니다. 따라서 중국 신용자극지수의 반등이라는 측면에서는 지금이 메모리 반도체 주가를 저점 매수하기에 가장 적절한 시점일 수도 있습니다.

지금까지 경기선행지표들이 각자의 사이클상 하락기의 후반 또는 상승기의 초반에 위치하고 있음을 확인했습니다. 그러면 이제 현재 삼성전자 주가의 P/B 배수가 어떻게 되는지를 확인해 보겠습니다. 현재 시장이 예상하는 저점 BPS는 약 49,000원 수준이며 최근 최저점 주가가 2022년 7월 1일의 56,200원이므로 P/B 배수는 1.15배로 도출됩니다. 이는 주가 급락기에 기록되었던 저점 배수들의 평균값인 1.10배에 근접한 수치입니다.

그렇다면 저는 앞서 말했던 것처럼 현재는 삼성전자 주식에 대한 저점 분할 매수를 고려해야 할 시기인 것으로 판단합니다. P/B 1.1배 수준에서의 매수는 1년 이상의 보유 기간을 감안할 경우, 아래로 최대 15%의 손실 위험과 위로 40%가량의 이익 가능성을 의미하므로 확률상 매우 유리한 투자이기 때문입니다. 물론 P/B 1.1배 수준에서 매수한 이후 보유 기간을 더욱 길게 가져가고, 만약 경기와 반도체 업황 회복이 동반될 경우, 밸류에이션 배수와 주당 가치가 동시에 상승하며 100% 이상의 수익률 발생도 가능합니다.

장기 투자자를 위한
SK하이닉스 매매 방법

이번에는 SK하이닉스 주식을 매수할 때 어떠한 것들을 고려해야 하는지를 제시하고 이후 매도 시의 구체적인 방법에 대해 설명하겠습니다. 기본적으로 같은 반도체 주식인 만큼 SK하이닉스 주식 매매 방법은 삼성전자의 매매 방법과 거의 같습니다.

다만 앞서 그림 14와 그림 15에서 봤던 것처럼 경기선행지표에 전적으로 주가의 방향성이 달려 있는 삼성전자와 달리, SK하이닉스 주가는 경기선행지표와 함께 반도체 가격이나 실적과 같은 업황 요인에도 일부 영향을 받는다는 점을 기억할 필요가 있습니다.

이는 SK하이닉스의 주가가 삼성전자보다 상승기에는 더 크게 상승하고 하락기에는 더 크게 하락하는 이유입니다. 따라서 반도체 주식 매매를 할 때 두 회사 중 한 회사를 선택해야 할 경우, 삼성전자보다 SK하이닉스의 주가 변동폭이 크다는 점을 고려해야 합니다.

SK하이닉스 주식을 매수할 때도 먼저 현재 경기선행지표들이 고유의 사이클상 어느 단계에 위치하고 있는지를 확인해야 합니다. 경기선행지표들이 하락 사이클의 말기 또는 상승기의 초기에 있다면 시장에서 가장 보수적인 애널리스트의 가장 낮은 BPS를 찾아봅니다. 그런 다음 이 BPS에 기반을 둔 현재 SK하이닉스 주가의 P/B 배수를 도출하고, 이를 SK하이닉스의 과거 저점 P/B 배수와 비교해 봅니다.

그림 30에 SK하이닉스의 주가 급락기에 기록되었던 저점 P/B 배수들이 나와 있습니다. 리먼 사태가 일어났던 2008년 12월에 동사 P/B 배수가 0.57배까지 하락한 경우가 있었습니다만, 이때는 금융 시스템이 붕괴된 특수한 상황이었고 동사가 분기에 수천억 원의 적자를 내던 시기이므로 현재 상황에 적용하기는 어려울 것으로 보입니다.

이후 2011년 8월(유럽 재정 위기)에 1.17배, 2016년 5월(중국 신용 위기 및 유가 급락)에 0.78배, 2019년 1월(미중 무역 전쟁)에 0.88배, 2020년 3월(코로나 19)에 0.97배의 저점 배수가 형성된 바 있습니다. 이러한 저점 배수들의 평균값은 0.95배로 계산됩니다.

앞서 살펴본 삼성전자와 같이 최근 SK하이닉스의 저점 배수 중 가장 낮은 수치는 중국 신용 위기 때 기록되었습니다. 그만큼 메모리 반도체 업황에는 중국의 경기 및 수요의 영향이 크다는 점을 확인할 수 있습니다.

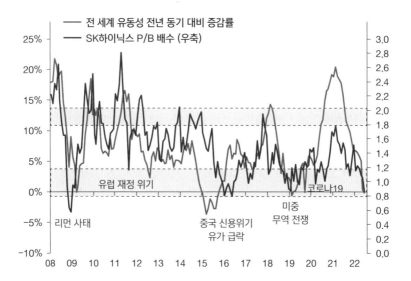

그림 30_전 세계 유동성 전년 동기 대비 증감률과 SK하이닉스 P/B 배수 밴드

자료: SK하이닉스, Bloomberg

따라서 가장 보수적인 BPS 예상치를 바탕으로 계산된 SK하이닉스의 현재 P/B 배수가 0.95배 수준으로 하락해 있다면, 동사 주식에 대한 분할 매수를 고려해야 합니다.

반면에 현재 경기선행지표들이 상승기의 말기나 하락기의 초기라면, 보유 중인 SK하이닉스 주식에 대한 매도를 고려해야 합니다. 그다음에는 애널리스트들의 평균 BPS를 기반으로 계산된 현재 P/B 배수를 동사의 역사적 고점 배수들과 비교해 봐야 합니다.

SK하이닉스의 주가 상승기 P/B 배수 고점이 2012년까지는 2.5배에서 3.0배에 달했습니다만 최근 10년간의 경험을 보면 2013년 12월에 2.04배, 2014년 12월에 2.12배, 2017년 10월에 1.94배, 2021년

1.76배로 평균값이 1.97배입니다. 따라서 현재 SK하이닉스의 P/B 배수가 1.7배를 넘어간다면 매도를 위한 마음의 준비를 할 필요가 있고, 2.0배에 이미 도달해 있다면 분할 매도를 시작하는 것이 적절한 전략으로 판단됩니다.

그러면 삼성전자와 마찬가지로 2022년 7월 초 현재에는 SK하이닉스에 대해 어떤 매매 전략을 사용하는 것이 적절할지 알아보겠습니다.

앞서 경기선행지표들의 사이클상 위치는 이미 알아보았으니 생략하고 SK하이닉스에 대한 시장의 보수적인 BPS 수치와 전저점 주가의 P/B 배수가 얼마인지를 확인해 보겠습니다. FnGuide에 따르면 현재 2022년 SK하이닉스 실적에 대한 가장 낮은 BPS 전망치는 99,000원 수준입니다. 이를 2022년 7월 1일의 전저점 주가인 87,500원에 비교해 보면 최근의 저점 배수는 P/B 0.88배로 계산됩니다.

앞서 확인한 리먼 사태 시를 제외한 동사 주가 급락기의 저점 배수들의 평균값이 0.95배이므로 최근 저점 주가는 이미 이를 하회했던 것으로 보입니다. 그렇다면 향후 동사 주가가 87,500원 밑으로 내려가지 않을 가능성도 배제할 수 없고 만약 최저 배수인 중국 신용 위기 시의 0.78배까지 하락한다 해도 향후 SK하이닉스 주가에 대한 하락 위험도(Downside Risk)는 10% 수준입니다.

반면 향후 중국 IT 수요 증감률의 회복 등에 따라 베어마켓랠리가 발생해 동사 주가가 역사적 평균 배수인 1.28배까지 반등한다면, 동사 주가의 단기 상승잠재력(Upside Potential)은 전 저점 대비 48%에 달합니다. 그렇다면 앞서 삼성전자의 경우와 마찬가지로 현재는 확률상 저점 분할 매수에 들어가야 할 시기인 것으로 판단됩니다. 물론 향후 보유 기간을 더욱 길게 가져가고 만약 경기와 반도체 업황 회복이 동반될 경우, 밸류에이션 배수와 주당 가치가 동시에 상승하며 100% 이상의 수익률 발생도 가능합니다.

중기 반도체 업황과
주가 전망

지금까지 설명했던 주가와 경기선행지표들의 동행 관계 및 업황과의 선후행 관계에 기반을 두고 중기 반도체 업황과 주가 흐름을 전망해 보겠습니다. 결론부터 말하자면 저는 이미 둔화 중인 반도체 업황이 경기선행지표들과 주가를 후행하여 2023년 하반기부터 본격적인 회복세를 보일 것으로 판단합니다. 그리고 추세적인 반도체 주가의 상승은 2023년 1분기 말 이전에 시작하고, 그때까지는 반도체 주가가 일정 구간 안에서 움직일 것으로 예상합니다. 물론 중간에 베어마켓랠리가 발생할 가능성은 높습니다.

2021년 4분기부터 소폭 둔화하기 시작한 메모리 반도체 업황이 2022년 6월을 기점으로 크게 악화되고 있습니다. 갑작스러운 변화로 느껴질 수 있습니다만 이러한 업황 둔화는 이미 2021년 1분기 말부터 예고되었습니다. 중요한 경기선행지표들이 당시부터 하락세로 전환되었기 때문입니다.

앞서 말했던 것처럼 메모리 반도체 업황은 전 세계 유동성 전년 동기 대비 증감률, 미국 ISM 제조업지수, 중국 신용자극지수 같은 경기선행지표들을 역사적으로 6개월 이상 후행해 왔습니다. 이는 경기선행지표들이 향후 메모리 반도체 수요를 미리 알려 주기 때문입니다.

경기선행지표들이 이미 큰 폭의 하락세를 보이는 상황에서 메모리 반도체 시장 규모는 아직 높은 수준에 머물고 있으므로, 2022년 하반기 이후 매우 가파른 업황 둔화가 나타날 가능성이 높음을 알 수 있습니다. 따라서 향후 메모리 반도체 업황을 전망하려면 경기선행지표들과 메모리 반도체 업황 간의 역사적 선후행 관계를 감안하여 이러한 경기선행지표들이 언제 돌아설 수 있을지를 살펴봐야 합니다.

전 세계 유동성 전년 동기 대비 증감률은 향후 미국에서 발생할 지속적인 금리 인상 및 양적 긴축(QT)을 감안하면 당분간 하락세가 좀 더 이어질 가능성이 높은 것으로 보입니다. 현재 중국을 제외한 모든 나라에서 미국을 따라 금리 인상과 유동성 축소에 나서고 있음을 감안하면 더욱 그렇습니다. 단 사이클상 하락기의 후반에 위치한 것은 명백하고 중국에서는 미국과 반대로 경기 부양을 위해 유동성을 늘리고 있으므로, 미국 및 한국을 포함한 여타 국가의 금리 인상이 완료될 것으로 보이는 2023년 1분기 말 이전에 동 증감률의 상승 전환이 나타날 수 있을 것으로 전망합니다.

미국 ISM 제조업지수 역시 아직 사이클상 최저점에 이르기에는 다소 시간이 더 필요한 것으로 보입니다. 미국 ISM 제조업지수는 2021년 3월에 63.7의 최고점을 기록한 이후 2022년 7월에 52.8까지 하락했는데, 최근 저점이 대부분 45~50 수준에서 형성되었습니다. 동 지수는 미국의 기준 금리와 반비례하며 움직이고, 그 하락 사이클이 대략 1년 반에서 2년간 지속되는 경향이 있습니다. 따라서 2021년 4월부터 5개 분기 동안 하락해 온 동 지수는 미국의 기준 금리 인상이 멈출 2023년 1분기 말 이전에 상승세로 전환될 가능성이 높은 것으로 판단됩니다.

한편 중국 신용자극지수는 이미 2021년 10월에 23.2로 저점을 형성하고 2022년 6월 현재 26.8까지 반등한 상황입니다. 중국 정부가 지속적으로 특수 채권 발행액을 늘리는 등 유동성을 크게 늘리고 있으므로, 만약 중국 부동산 경기의 폭락과 전면적인 도시 봉쇄가 재발생하지 않는다면 중국 신용자극지수의 상승과 중국 IT 수요의 회복은 지속될 가능성이 높습니다.

이러한 전망에 기반을 두면 경기선행지표들을 6개월 이상 후행하는 반도체 수요는 2022년 하반기부터 중국에서 개선되기 시작하여, 2023년 하반기 이후 전 세계적으로 본격 회복될 가능성이 높은 것으로 보입니다.

2022년 초에 전망했던 2022년 업계 DRAM 출하 증가율은 10%대 후반 수준이었으나 고객들의 주문 축소에 따라 실제 출하 증가율이 10% 이하에 머물 것으로 예상됩니다. 이는 현재 평균 5주 수준인 DRAM 업계 재고가 2022년 연말경에 8주 이상으로 증가할 것임을 의미합니다. 2023년 업계 DRAM 생산 증가율은 13나노 미만 공정 전환의 어려움과 신규 캐파 증설 지연에 따라 10%대 초반에 불과할 것입니다. 다만 2022년 증가할 전망인 반도체 업체들의 재고 판매를 감안하면 2023년 출하 증가율은 생산 증가율보다 높은 10%대 중반 수준일 것으로 추정됩니다.

현재 상황에서 2023년 수요 증가율을 정확히 예측하는 것은 불가능합니다. 다만 2023년에는 10%대 초반에 머물 전망인 2022년 DRAM 수요 증가율의 기저 효과가 발생할 수 있습니다. 또한 2022년 6월부터 시작된 고객들의 과잉 재고 정리가 2023년 1분기 말경에 완료되면서 고객들이 2분기 이후 재고 재축적에 들어갈 가능성이 있습니다. 따라서 2023년 DRAM 수요 증가율은 기저 효과와 재고 재축적 사이클에 따라 2022년보다는 개선될 가능성이 높은 것으로 판단됩니다.

이러한 수요, 공급의 가정 하에서 2022년 3분기부터 반도체 가격 하락이 본격화되어 2023년 1분기 또는 2분기까지 이어지고, 이후 수요 회복과 고객들의 재고 재축적에 따라 상승 전환될 것으로 예상됩니다.

이러한 시나리오를 감안하면 2023년 DRAM 가격은 연간 20%대 중반가량 하락하고 SK하이닉스의 영업이익은 2022년 대비 절반 이상 감소할 것으로 추정됩니다. 2019년에 기록되었던 49%의 DRAM 가격 하락과 87%의 영업이익 감소에 비하면 정도는 덜하지만, 2023년의 업황이 만만치 않을 것임을 짐작할 수 있습니다. 반도체 업체들의 향후 투자 규모 축소 검토와 보다 적극적인 원가 절감 노력이 필요한 상황으로 판단됩니다.

다만 주가는 현재 업황 흐름과 별개임을 이미 잘 알고 있을 것입니다. 제가 전망한 경기선행지표들의 향후 흐름이 정확하다면 역사적으로 이와 동행해 온 반도체 주가의 추세적 상승은 2023년 1분기 말 이전에 나타날 것으로 예상됩니다. 2022년 7월 1일의 저점 주가가 역사적 저점 P/B 배수들과 유사한 수준이므로, 향후 반도체 주가는 추세 상승 이전까지 중국 IT 수요 증감률의 추세적 상승 등을 반영하여 일정 구간 내에서 베어마켓랠리를 펼칠 가능성이 있습니다.

반도체 장비주 주가는
반도체 주가와 흐름이 같다

사실 반도체 장비주 전반에 대한 투자 방법은 따로 언급할 필요가 없다고 생각합니다. 물론 각각의 장비 회사 주가는 자체적인 회사의 경쟁력 및 실적에 따라 변화되는 면이 있습니다. 따라서 각각의 회사에 대한 정밀한 분석도 필요합니다. 그러나 장비 주식들의 전반적인 주가 흐름이 삼성전자, SK하이닉스의 주가 흐름과 항상 같을 수밖에 없는 이유가 있습니다.

그림 31은 2012년 1월 이후 삼성전자와 SK하이닉스의 시가 총액의 합과 상장 기간이 충족되는 주요 반도체 소부장(소재·부품·장비) 업체 12개(테스, 원익홀딩스, 주성엔지니어링, 유진테크, 이오테크닉스, 원익머트리얼즈, 한솔케미칼, 네페스, 유니테스트, 한미반도체, 테크윙, 하나마이크론)의 시가 총액의 합을 비교한 것입니다.

그림 31_반도체 업체들과 소부장(소재·부품·장비) 업체들의 시가 총액 비교

자료: Datastream

보다시피 반도체 업체들과 소부장 업체들의 시가 총액, 즉 주가는 거의 유사한 궤적을 그리고 있습니다. 그러면 왜 반도체 업체들과 소부장 업체들의 주가는 유사한 움직임을 보이는 것일까요?

반도체 소부장 업체들에 투자한 경험이 있다면 반도체 업체들이 대규모 신규 설비 투자 계획을 발표하면 당일 주가가 오르더라도 시간이 조금 지나면 소부장 주가가 오히려 크게 하락하기 시작하는 경우를 본 적이 있을 것입니다. 소부장 업체들의 매출은 반도체 업체들의 설비 투자액, 즉 자본 지출과 비례합니다. 반도체 업체들의 자본 지출에는 장비 및 부품 구매액이 포함되어 있고 자본 지출이 늘어 생산 설비가 확장되어야 반도체 소재 업체들의 소재 판매액도 증

가하기 때문입니다. 그런데 반도체 자본 지출을 늘린다는 발표가 나오면 소부장 업체들의 주가가 하락하는 경우가 많으니 이상한 일이 아닐 수 없습니다.

이는 반도체 소부장 업체들의 주가가 보다 먼 미래의 반도체 업황과 업체들의 실적 및 자본 지출을 반영하기 때문입니다. 반도체 업체들이 호황을 통해 증가한 현금을 가지고 자본 지출을 늘리면 이는 향후 반도체 공급 증가와 이에 따른 업황 둔화를 불러온다는 점을 앞서 설명했습니다. 즉 반도체 업체들이 대규모 투자를 발표하면 당장은 소부장 업체들의 실적이 좋아지지만, 시간이 지나면 반도체 업황과 업체들의 실적이 나빠지고 이에 따라 먼 미래 반도체 업체들의 자본 지출과 소부장 업체들의 실적이 감소할 것이 뻔하다는 것입니다. 아무리 먼 미래의 일이라도 발생할 것이 확실하다면 당장 이를 반영하는 것이 주가의 특성입니다.

현재 삼성전자, SK하이닉스의 주가가 오른다는 것은 향후 경기와 반도체 업황이 좋아질 것임을 의미하므로 미래 반도체 업체들의 자본 지출은 증가할 것이며 이는 소부장 업체들의 실적도 좋아질 것임을 알려 줍니다. 그러니 미래 실적을 반영하는 소부장 업체들의 주가는 반도체 업체들의 주가와 같이 상승하는 것입니다.

반대로 대규모 자본 지출 발표 등에 따라 삼성전자, SK하이닉스의 주가가 하락하기 시작하면 이는 향후 반도체 업황과 업체들의 실적이 나빠질 것을 의미합니다. 업황과 실적의 둔화는 반도체 업체들의 자본 지출 감소 및 소부장 업체들의 실적 둔화로 연결되므로 반도체 업체들의 주가 하락에 따라 소부장 업체들의 주가도 동반 하락할 수밖에 없습니다.

그러므로 반도체 소부장 주식에 대한 투자는 반도체 주식과 같은 방식으로 하는 것이 정답입니다. 반도체 주식에 대한 저점 분할 매수를 할 때 소부장 주식들에 대해서도 저점 매수를 하고, 반도체 주식을 매도할 때 소부장 주식들도 같이 정리하는 것이 적절합니다. 다만 소부장 주식 매수 시에는 많은 업체 중에서 주가 상승기에 좀 더 높은 상승률을 보일 업체들을 선별하는 작업이 필요합니다. 한마디로 향후 실적 및 주당 가치가 더욱 크게 개선될 회사들을 미리 알아봐야 합니다. 이러한 업체들의 특징은 다음과 같습니다.

첫째, 신규 장비나 소재를 개발하여 반도체 업체들의 주목을 받습니다.

둘째, 해외 업체들이 독점하던 핵심 장비, 소재 부문에서 국산화 완료 단계에 있습니다.

셋째, 국내 반도체 업체들뿐 아니라 해외 반도체 업체들로 고객 베이스를 확대하고 있습니다.

이러한 회사들은 반도체 업체들의 자본 지출 확대에 따른 전반적인 수혜에 더해, 자체 경쟁력 강화에 따라 향후 실적이 더욱 크게 상승할 것이기 때문입니다.

반도체 주식 투자, 이것만 알면 쉽다 5

파운드리 산업

이 장에서는 많은 사람이 삼성전자와 관련해 관심을 가지고 있는 파운드리(Foundry) 부문의 현재 경쟁 상황 및 향후 전망을 알아보겠습니다.

삼성전자 주가에 적용되고 있는 밸류에이션 배수가 여전히 낮은 것은 동사의 이익이 대부분 메모리 반도체에서 나오기 때문입니다.

삼성전자가 향후 파운드리 부문에서 TSMC와의 경쟁력 격차를 줄이고 시장 점유율을 상승시킬 수 있다면 삼성전자 주가에 훨씬 높은 밸류에이션 배수를 적용할 수 있을 것입니다.

파운드리 산업의 경쟁 현황

2021년 SK하이닉스의 주가가 고점 대비 40%나 하락하는 동안 삼성전자의 주가는 29% 하락에 그쳤습니다. 그리고 2021년 양 사 최저점 주가의 P/B 배수는 SK하이닉스 1.1배, 삼성전자 1.6배였습니다. 그전까지는 주가 하락기의 양 사 주가 낙폭과 P/B 배수의 저점이 큰 차이가 나지 않았는데, 2021년에는 상당히 이례적인 일이 발생한 것입니다.

이는 시장 참여자들이 2020년 하반기부터 삼성전자 파운드리 부문의 경쟁력 강화에 대해 큰 기대를 가지고 있었기 때문으로 판단됩니다. 파운드리 부문 경쟁사인 TSMC와 삼성전자 주가에 적용되는 밸류에이션 배수에는 큰 차이가 있습니다. 2022년 7월 22일 현재 컨센서스 기준으로도 TSMC의 P/B 배수는 4.7배인 반면 삼성전자의 P/B 배수는 1.3배에 불과합니다.

이러한 밸류에이션 배수의 차이는 어디에서 오는 것일까요? 양 사가 속해 있는 주식 시장의 전반적인 밸류에이션 배수 수준 차이, 양 사 간 이익률 또는 ROE의 차이 등 여러 이유를 들 수 있습니다.

그러나 근본적인 이유는 TSMC가 안정적인 비메모리 위주의 파운드리 산업에서 압도적인 1위이고 삼성전자는 부침이 심한 메모리 부문에서 주로 이익을 내며 파운드리 부문에서의 경쟁력이 TSMC에 비해서 상당히 열위라는 점입니다.

그림 32_메모리 반도체와 파운드리 부문의 시장 규모 및 연도별 전년 대비 성장률 비교

자료: WSTS, IC Insights

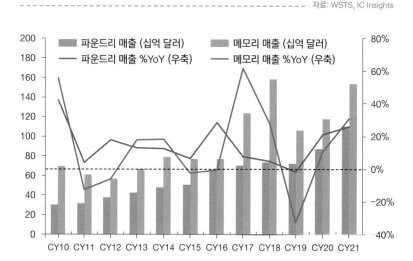

그림 32에 나타나듯이 메모리 반도체 부문의 매출은 사이클을 형성하며 큰 폭의 상승과 하락을 반복하는 반면, 파운드리 부문의 매출은 역성장이 거의 없는 안정적인 증가세를 보이고 있습니다. 투자자들은 미래를 예측하기 어려운 메모리 반도체 업체보다 안정적인 성장세를 보이는 파운드리 업체에게 더 높은 밸류에이션 배수를 부

여하는 것이지요.

삼성전자의 파운드리 시장 점유율은 2018년에 큰 폭의 상승을 기록했습니다만, 이후 15~18% 수준에서 정체되었고, 2022년에는 오히려 16%까지 하락할 것으로 예상됩니다. 반면 TSMC의 시장 점유율은 2016년의 51%에서 2022년 56%까지 상승할 전망입니다(그림 33 참조). 즉 시장의 기대와 달리 양 사 간의 시장 점유율이 좁혀지지 않고 있고 TSMC의 압도적인 시장 점유율이 오히려 강화되고 있는 상황입니다. 이 점이 삼성전자의 저점 P/B 배수가 2021년 1.6배에서 버티다가 2022년에 1.1배까지 하락한 이유 중 하나인 것으로 판단됩니다.

그림 33_파운드리 업체별 시장 점유율 동향

자료: IC Insights, Trend Force

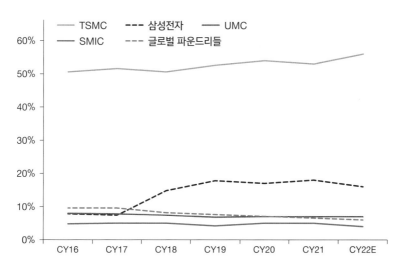

그러면 향후 파운드리 부문의 경쟁 상황은 어떻게 진행될까요? 일단 현재 TSMC와 삼성전자 간 보유 생산 설비 규모를 비교해 보겠습니다. 1Q22 기준 양 사의 전체 생산 설비는 TSMC가 1,078천장/월, 삼성전자가 321천장/월 규모로 TSMC가 삼성전자 대비 3.4배 더 큽니다.

7나노 이하 최첨단 공정 생산 설비는 TSMC 238천장/월, 삼성전자 55천장/월 규모로 추정됩니다(그림 34 참조). 7나노 이하 설비는 전 세계에서 양 사만 보유하고 있으므로 전 세계 7나노 이하 설비에서 양 사가 차지하는 비중은 TSMC 81%, 삼성전자 19%로 계산됩니다. 반면 시장 조사 기관들에 따르면 현재 7나노 이하 파운드리 서비스 시장 점유율은 TSMC가 90%에 달하는 것으로 알려져 있어, 보유 설비 규모 대비 시장 점유율의 격차가 더 큰 것으로 판단됩니다.

그림 34_TSMC, 삼성전자의 미세공정별 월 파운드리 생산 설비 규모 (1Q22 기준)

자료: Counter Point

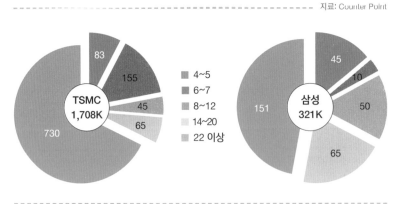

아직은 생산 설비의 규모나 설비 활용 면에서 양 사 간에 차이가 큰 상황입니다. 그런데 2022년 양 사의 파운드리 부문 설비 투자액 규모를 보면 TSMC가 390억 달러인 데 반해 삼성전자는 120억 달러로 추정됩니다(그림 35 참조). 삼성전자의 경우에는 2021년과 유사한 금액을 투자할 예정인 반면 TSMC는 전년 대비 설비 투자 금액을 30% 증액할 전망입니다. 따라서 향후 양 사 간 생산 설비 규모의 차이는 좀 더 확대될 것으로 판단됩니다. 그러므로 삼성전자는 앞으로도 시장 점유율이나 경쟁력 측면에서 TSMC와의 격차를 좁히기 쉽지 않을 것으로 보입니다.

그림 35_파운드리 업체 연도별 자본 지출 전망

자료: Bloomberg, 각 사 자료

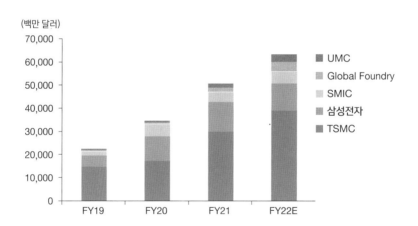

이번에는 양 사 간 미세공정 전환 속도를 비교해 보겠습니다. 주요 파운드리 업체들의 미세공정 전환 로드맵은 그림 36과 같습니다.

그림 36_주요 파운드리 업체 기술 로드맵

자료: 각 사 자료

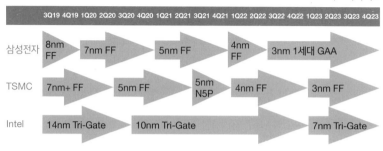

보는 바와 같이 삼성전자의 현재 주력 공정은 5나노 FinFET입니다. 4나노 FinFET의 양산을 개시했지만 수율이 아직 저조하고 이렇다 할 대형 고객이 없는 상황입니다. 동사는 최근 차세대 공정인 3나노 GAA(Gate-All-Around) 1세대 공정의 생산을 시작했습니다. TSMC 역시 현재 주력 공정은 4나노와 함께 5나노 FinFET입니다. 동사는 3나노 공정에서 여전히 FinFET 구조를 채택하여 2023년부터 양산을 시작할 계획입니다. Intel의 경우에는 아직도 10나노 Tri-Gate(FinFET) 공정에 머물고 있고 2023년에 7나노 Tri-Gate 공정의 생산이 시작될 것으로 전망됩니다.

삼성전자가 3나노 공정의 생산을 개시했으므로 미세공정 전환 속도만 본다면 Intel뿐 아니라 TSMC마저도 앞서는 것으로 보입니다. 그러나 동일한 미세공정에서도 각 업체들이 제시하는 미세공정의 집적도나 성능이 모두 다르다는 것을 인지할 필요가 있습니다. 표 2는 IC Knowledge라는 조사 기관에서 TSMC, 삼성전자, Intel 간 현재 주력 공정의 셀 크기와 집적도를 비교한 것입니다.

표 2_TSMC, 삼성전자, Intel의 현 세대 주력 공정 비교

자료: IC Knowledge

현 세대 주력 공정	Intel 10나노		삼성전자 5나노		TSMC 5나노
Device type	FinFET		FinFET		FinFET
M2P(nm)	44	<	36	<	**28**
Tracks(nm)	6.18	<	**6.00**	=	**6.00**
Cell Height(nm)	272	<	216	<	**168**
CPP(nm)	54	=	54	<	**50**
Transistor 집적도(백만 개/mm²)	106	<	134	<	**185**

현 세대 주력 공정인 Intel의 10나노, 삼성전자의 5나노, TSMC의 5나노는 모두 FinFET 구조로 만들어집니다. Intel은 자사 구조를 특별히 Tri-Gate라고 부릅니다만 사실 Intel이 FinFET을 처음 만들어낸 회사이므로 Tri-Gate와 FinFET은 이름만 다를 뿐 같은 구조입니다. FinFET에 대해서는 나중에 GAA를 소개할 때 자세히 설명하겠습니다.

3사의 현재 주력 공정에서 가장 셀이 작은 것은 TSMC의 5나노입니다. 표 2에서 M2P와 Tracks의 곱으로 구해지는 셀 높이(Cell Height)를 셀의 크기로 인식하면 되는데, 보는 것처럼 셀 높이는 Intel 10나노 272nm, 삼성전자 5나노 216nm, TSMC 5나노 168nm로 TSMC, 삼성전자, Intel의 순으로 셀 크기가 작습니다.

셀의 크기가 작으면 작을수록 일정 면적에 더 많은 트랜지스터를

집적할 수 있습니다. 따라서 1제곱미터당 Intel 10나노는 1억 600만 개, 삼성전자는 1억 3,400만 개, TSMC는 1억 8,500만 개의 트랜지스터를 집적할 수 있습니다.

만약 동일한 투자액이 들어간 라인에서 동일한 수율로 반도체를 생산한다면 TSMC의 5나노는 삼성전자의 5나노보다 38%, Intel 10나노보다 75% 생산성이 높고 그만큼 원가도 낮게 됩니다. 현재 5나노, 4나노에서의 수율도 TSMC가 삼성전자보다 더 좋은 것으로 알려져 있으므로 생산성과 이익률에서 차이는 더 큰 것으로 볼 수 있습니다.

GAA를 채택한
삼성전자의 전략

현재 생산 설비 규모, 시장 점유율, 투자 규모, 현 세대 공정의 집적도, 이익률 측면에서 모두 TSMC에게 크게 뒤처지는 삼성전자가 경쟁력 차이를 획기적으로 축소시킬 수 있는 방법은 무엇일까요?

역시 차세대 공정에서 TSMC보다 좋은 성능의 파운드리 서비스를 높은 수율과 낮은 가격으로 제공하는 일일 것입니다. 그래야 현재 TSMC에게 의존 중인 많은 고객이 삼성전자로 이동해 주문할 것이고, 삼성전자는 시장 점유율 및 이익의 증가를 통해 더 많은 투자를 할 수 있을 것이기 때문입니다.

그러면 2023년 또는 2024년에 양산이 본격화될 3사의 차세대 공정에서 집적도의 차이는 어떨까요? 삼성전자가 일부 고객에 대한 1세대 3나노 서비스를 시작했으므로 3나노가 삼성전자 입장에서는 차세대가 아닌 현 세대라고 볼 수도 있습니다만, 동 3나노 고객은 중국의 한 코인 채굴용 반도체 업체로 그 물량이 극히 적습니다. 그리고 2023년에도 여전히 삼성전자의 주력 공정은 3나노가 아닌 5나노와 4나노일 것으로 판단됩니다. 따라서 차세대 공정의 비교를 위해

TSMC와 삼성전자의 3나노, Intel의 7나노를 상정하는 것이 적절한 것으로 판단됩니다.

자료: IC Knowledge

표 3_TSMC, 삼성전자, Intel의 차세대 공정 비교

차세대 공정	Intel 7나노		삼성전자 3나노		TSMC 3나노
Device Type	FinFET		**GAA**		FinFET
M2P(nm)	26	>	32	<	**24**
Tracks(nm)	6	=	6	<	**5**
Cell Height(nm)	156	>	192	<	**120**
CPP(nm)	47	<	45	<	**41**
Transistor 집적도(백만 개/mm²)	212	>	180	<	**317**
집적도 증가율	**100%**	>	35%	<	71%

셀 높이는 삼성전자 3나노 192nm, Intel 7나노 156nm, TSMC 3나노 120nm입니다(표 3 참조). 차세대 공정에서는 삼성전자의 셀 크기가 가장 크고 TSMC가 가장 작습니다. 따라서 1제곱미터당 트랜지스터 집적도도 삼성전자 3나노 1억 8,000만 개, Intel 7나노 2억 1,200만 개, TSMC 3나노 3억 1,700만 개로 TSMC가 가장 높고, 삼성전자는 Intel보다도 더 낮습니다.

즉 차세대 공정의 집적도 측면에서는 TSMC가 Intel보다 49%, 삼성전자보다 79% 앞서며, 삼성전자는 Intel보다도 15% 낮다는 의미입니다. 차세대 공정에서는 현 세대 공정 대비해서 Intel이 가장 높은 100%의 집적도 증가율을, TSMC가 71%의 증가율을 달성하는 반

면 삼성전자의 집적도 증가율은 35%에 머물 전망입니다. 이는 차세대에서 삼성전자와 TSMC 간 생산성 및 이익률 차이가 더욱 확대된다는 의미입니다. 따라서 집적도 및 이익률의 측면에서만 보면 차세대 공정에서도 양 사 간 격차가 축소되기를 기대하는 것이 쉽지 않음을 알 수 있습니다.

그런데 삼성전자의 3나노 공정은 경쟁사들의 차세대 공정과 대비해서 왜 이렇게 전 세대 대비 집적도 증가율이 저조할까요? 그러면 삼성전자의 3나노는 개발해 봐야 희망이 없는 공정일까요? 그러나 여기에서 삼성전자 차세대 공정의 구조는 GAA로 TSMC와 Intel의 FinFET과 달라진다는 점에 주목할 필요가 있습니다.

일단 MOSFET이 어떠한 구조와 원리를 가지고 있는지를 알아보고, 이후에 FinFET 구조와 GAA 구조가 어떻게 다른지를 살펴보겠습니다.

MOSFET은 특정 조건에서만 전류를 흘려주는 스위치 역할을 하며 소스(Source), 게이트, 드레인(Drain), 보디(Body)로 구성되어 있습니다(그림 37 참조). 게이트에 전압이 가해지면 채널이 형성되고 이 채널을 통해 소스와 드레인 사이에 전류가 흐르게 됩니다.

그림 37_MOSFET의 구조

자료: 위키백과

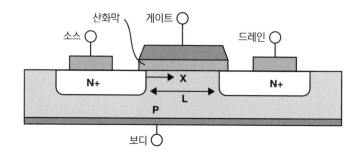

그림 38_플라나 FET, FinFET, GAA 구조 비교

자료: 삼성전자

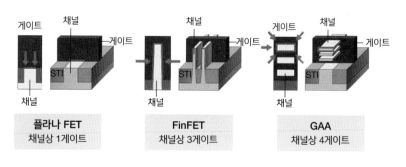

전통적인 플라나(Planar) 구조의 MOSFET에서는 소스와 드레인 사이의 채널(Channel)과 이를 컨트롤하는 게이트가 한 면으로만 붙어 있습니다. 과거에는 MOSFET 소자의 사이즈가 컸으므로 게이트의 한 면으로도 충분히 컨트롤이 가능했던 것입니다(그림 38 참조).

그러나 집적도가 높아지고 MOSFET의 사이즈가 축소되면서, 소스와 드레인 사이의 거리가 점점 가까워지고 산화막(Oxide)의 두께가 얇아지게 되었습니다. 이에 따라 오프 상태에서 누설 전류가 증가하고 전류가 흐르지 말아야 할 때 흘러 버리는 상황이 발생하게 됩니다.

이를 보완하고자 나온 구조가 3D FinFET입니다. 채널을 3D 방식으로 위로 올려서 게이트와 채널이 접촉하는 부분을 세 면으로 하여 게이트의 컨트롤 능력을 개선한 것입니다. 핀(Fin)이라는 이름은 위로 끌어 올려진 채널의 모양이 물고기의 지느러미와 비슷하다고 해서 붙여졌습니다.

그러나 최근 미세공정이 3나노 이하로 진화하고 점점 트랜지스터의 크기가 작아짐에 따라 FinFET으로도 누설 전류를 충분히 컨트롤할 수 없는 단계에 진입하고 있습니다. 이에 따라 세 면이 접합되는 FinFET에서 네 면 모두가 게이트와 접합되는 GAA 구조로 바뀌는 중입니다.

삼성전자는 2019년에 단면의 지름이 1나노미터 정도로 얇은 와이어 형태의 채널이 아닌, 종이처럼 얇고 긴 모양의 나노시트(Nano Sheet)를 여러 장 쌓아 성능과 전력 효율을 높인 독자적인 GAA 기술을 개발했습니다. 그리고 이를 MBCFET™(Multi Bridge Channel FET)으로 이름 붙였습니다.

삼성전자에 따르면 3나노 MBCFET™ 공정은 5나노 FinFET 공정대비 면적은 16%가량 줄일 수 있는 반면, 약 45%의 소비 전력 절감과 약 23%의 성능 개선 효과를 획득할 수 있을 것으로 예상됩니다.

이제 삼성전자의 전략을 이해할 수 있을 것입니다. GAA 구조는 FinFET에 비해 훨씬 복잡하므로 동일한 미세공정 시 셀 크기가 FinFET보다 클 수밖에 없습니다. 그러므로 삼성전자 GAA 3나노의 셀 크기와 집적도가 여전히 FinFET을 사용하는 TSMC의 3나노 및 Intel의 7나노에 비해서 열위에 있는 것입니다. 따라서 삼성전자 GAA 3나노의 원가는 경쟁 업체들의 차세대 공정에 비해서 높을 가능성이 큽니다.

그러나 GAA를 채택하면 원가와 집적도를 잃는 대신 적은 누설 전류량과 낮은 전압에 따라 속도가 빨라지고 소비 전력이 절감되는 분명한 장점이 있습니다. 따라서 만약 삼성전자가 이익률의 하락을 감수하고 경쟁사와 유사한 파운드리 서비스 요금을 성능에 민감한 하이엔드 고객들에게 제시한다면 삼성전자의 시장 점유율이 증가할 가능성이 충분합니다.

삼성전자는 1세대 3나노 GAA 공정의 생산을 2022년 6월에 개시했고, 보다 사용처가 확대될 2세대 3나노 GAA 공정의 양산은 2024년에 시작할 계획입니다. 반면 TSMC는 3나노까지 기존의 FinFET 구조를 유지하고 2나노부터 GAA 구조를 도입할 전망입니다.

GAA 공정에서는 증착 작업의 난이도가 상승하고 실리콘 게르마늄(SiGe)에 대한 선택적 식각 공정이 추가되는 등 기술적인 어려움이 커집니다. 따라서 삼성전자가 3나노에서 세계 최초로 GAA 공정을 성공시킨 것은 분명 높은 평가를 받아야 합니다.

다만 GAA 공정을 먼저 도입했다는 것으로 삼성전자의 기술 경쟁력이 TSMC보다 반드시 좋다고 볼 수는 없습니다. 3나노에서도 FinFET 구조를 유지할 수 있다는 것 자체가 게이트의 컨트롤 능력이 좋다는 것이며, 앞서 말했던 것처럼 동일 미세공정이라면 GAA보다 FinFET의 경제성이 훨씬 앞서기 때문입니다.

물론 TSMC가 3나노 개발 과정에서 아직 어려움을 겪는 것으로 보이고, 2024년 이후 양 사가 모두 GAA 시대에 진입하게 되면 삼성전자가 GAA 구조를 앞서 도입했으므로 성능과 초기 수율 측면에서 유리할 가능성은 있습니다.

삼성전자는 TSMC와의
격차를 줄일 수 있을까?

지금까지 파운드리 부문에서 삼성전자와 TSMC 간에 상당한 경쟁력 차이가 유지되고 있고 단기에 이러한 격차가 축소되기는 쉽지 않을 전망임을 설명했습니다. 그래서 삼성전자는 GAA의 조기 도입으로 TSMC와의 격차를 빠르게 줄이려는 전략을 사용하고 있는 것입니다.

양 사 간의 경쟁에서 가장 중요한 것은 결국 어느 회사가 대형 고객을 많이 확보하느냐일 것입니다. TSMC는 전 세계에 수많은 고객을 보유하고 있습니다만, 2021년 매출 기준으로 가장 중요한 티어 1 고객들을 순서대로 나열하면 Apple(23.9%), AMD(10.2%), Qualcomm(8.2%), Mediatek(8.1%), Nvidia(7.6%), Broadcom(6.6%), Intel(5.0%) 등입니다(그림 39 참조). 2020년까지 두 번째로 가장 큰 고객이었던 Huawei의 자회사 Hi-Silicon은 미국의 제재에 따라 고객 리스트에서 아예 제외된 상황입니다.

그림 39_TSMC 고객 구성 변화

자료: TSMC

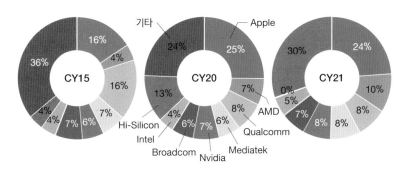

TSMC 매출에서 Apple이 차지하는 비중이 2015년의 16%에서 최근 25% 수준까지 오른 이유는, Apple이 TSMC와 삼성전자에 AP 생산을 반반씩 맡겨 오다가 2016년 A10 AP부터 TSMC에 전체 물량을 맡겼기 때문입니다. 이는 TSMC가 당시 FO WLP(Fan Out Wafer Level Package) 도입에 성공한 것이 계기가 되었습니다. TSMC와 삼성전자 간 격차가 크게 벌어지기 시작한 시점이기도 합니다.

삼성전자는 TSMC와 달리 자사 파운드리 부문 주요 고객을 밝히지 않고 있습니다. 그러나 언론 등에 알려진 바에 따르면 자사 스마트폰용으로 비메모리 부문이 설계하는 엑시노스의 비중이 가장 크고, Qualcomm, Nvidia, Tesla, Xilinx, IBM 등이 뒤를 잇는 것으로 보입니다. 그러므로 Qualcomm과 Nvidia는 TSMC와 삼성전자 모두에 파운드리 생산 서비스를 위탁하는 대형 고객입니다.

최근 삼성전자 파운드리 부문에 대한 위기설이 증폭되었던 까닭은 다음과 같습니다.

① 삼성전자 4나노 수율이 극히 부진했다.

② 이에 따라 Qualcomm이 삼성전자 4나노에서 생산했던 Snapdragon8 1세대 AP와 달리 Snapdragon8 1세대 플러스 AP 생산은 TSMC 4나노에 맡겼다.

③ 삼성전자 파운드리 매출에서 큰 비중을 차지하는 엑시노스 AP가 발열 문제 때문에 다음 세대 갤럭시S 23에 아예 탑재되지 않을 것이라는 루머가 발생했다.

각각의 사항에 대해 현재 진행 상황과 제 생각을 말씀드리면, 우선 삼성전자의 4나노 수율은 최근에 개선되고 있고 2022년 말에는 5나노 수준까지 상승할 것으로 보입니다. 이러한 경우 삼성전자가 2023년에는 4나노 생산 서비스를 여러 고객에게 제공할 준비를 충분히 갖출 수 있을 것으로 예상됩니다.

반도체 시장 소식에 따르면 Qualcomm이 2022년 초 출시된 Snapdragon8 1세대 AP 생산을 삼성전자 4나노에 맡겼으나 당시 수율이 35%에 불과했고 발열 문제도 불거진 바가 있습니다. 그래서 Qualcomm은 새로 출시한 Snapdragon8 1세대 플러스 AP 생산을 TSMC 4나노로 선회한 것으로 보입니다. 과거에는 Qualcomm이 항상 최신 AP 생산은 삼성전자에, 중저가 AP는 TSMC에 맡겨 왔는데 이번에 그러한 관례가 깨진 것입니다. Nvidia의 최신 GPU H100 역시 TSMC의 4나노를 선택했으므로 현재 삼성전자 4나노 공정의 고객은 자사의 엑시노스 2300뿐일 것으로 보입니다.

2023년 출시될 갤럭시S 23 스마트폰에 엑시노스 AP가 채택되지 못할 것이라는 루머는 어느 정도 현실화 가능성이 있는 것으로 판단됩니다. Qualcomm의 CEO는 2분기 실적 발표장에서 갤럭시S 22에서 자사 Snapdragon8의 채택 비중이 75%였으며, 2023년 출시 예정인 갤럭시S 23에서는 그 비중이 크게 상승할 것이라고 언급했기 때문입니다. 물론 최근 2분기 실적 발표에서 밝힌 것처럼 삼성전자가 엑시노스를 완전히 포기하지는 않을 것입니다만, 제품 완성도를 좀 더 높이기 위해 엑시노스 생산을 한 세대 정도 미룰 가능성은 있습니다.

이로써 4나노까지의 파운드리 업계 경쟁 구도는, 삼성전자는 자사 외 대형 고객을 거의 확보하지 못한 가운데 대부분의 4나노 물량을 TSMC가 생산하는 것으로 어느 정도 결정된 것으로 판단됩니다. 그러므로 이제는 3나노 이하 공정에서 양 사 간의 고객 확보가 중요해졌습니다. 이미 업계에서는 3나노 수주와 관련한 여러 루머와 예측이 흘러나오는 상황입니다.

3나노에서는 TSMC도 아직 만족할 만한 수율을 확보하지 못한 것으로 알려져 있습니다. TSMC가 3나노 양산을 2022년 하반기부터 시작할 것으로 밝혔으나, Apple은 2022년 하반기 출시될 아이폰14에 5나노 공정을 그대로 적용할 것으로 보입니다. TSMC의 3나노 수율이 양호하다면 굳이 5나노를 유지할 이유가 없습니다. 따라서 3나노 공정에서 삼성전자가 시장 점유율을 회복할 가능성은 아직 남아 있는 것으로 판단됩니다.

삼성전자와 Qualcomm은 매우 특수한 관계에 있습니다. 삼성전자 스마트폰 부문은 Qualcomm AP의 고객이고, 삼성전자 비메모리 부문은 모바일 AP 시장에서 Qualcomm의 경쟁자인 동시에, 삼성전자 파운드리 부문은 Qualcomm을 주요 고객으로 삼고 있습니다. 삼성전자는 2분기 실적 발표에서 3나노 공정을 위한 복수의 모바일 고객을 이미 확보하고 협상 중이라는 언급을 했습니다. 이 대목에서 삼성전자가 갤럭시S 23에서 4나노 Snapdragon을 전량 채택하는 대신에, 차세대 3나노 Snapdragon의 생산은 자사가 맡는 전략을 추진 중일 가능성이 있습니다. 양 사 간 특수 관계를 이용한 윈-윈 전략인 것이지요.

반면 대만에서는 TSMC가 이미 Apple, Qualcomm, Intel, Nvidia, Broadcom, Mediatek, AMD 등을 3나노 공정의 고객으로 확보했다는 언론 보도가 나오고 있습니다. 따라서 아직은 3나노 이하 공정에서 양 사 간 경쟁이 어떻게 진행될지 확실히 알 수 없는 상황입니다.

지금까지의 시장 점유율, 투자 규모, 고객 확보 상황을 감안하면 삼성전자가 TSMC와의 격차를 단기에 좁힐 가능성은 높지 않습니다. 그러나 2023년 하반기에 본격 생산될 3나노 공정을 위한 향후 수율 경쟁에서 삼성전자가 승리해 Qualcomm 등 대형 고객 일부를 확보한다면 어느 정도 희망이 생길 수 있습니다. 그리고 2025년 양산이 예상되는 2나노에서 처음 GAA를 채택하는 TSMC가 이미 3나노에서 GAA 생산 경험이 있는 삼성전자보다 더 어려움을 겪을 가능성도 배제할 수 없습니다. 만약 이러한 상황이 발생한다면 삼성전자 주가에 적용되는 밸류에이션 배수는 TSMC와의 격차를 좁히면서 현재 수준에서 한 단계 상향 조정될 수 있을 것입니다.

따라서 삼성전자의 파운드리 부문 성장성에 주목하여 동사에 대한 투자를 생각하는 투자자들은 지금부터 양 사의 3나노 수율에 관련한 뉴스를 챙겨 보고 과연 삼성전자가 Qualcomm 등 대형 고객들을 확보할 수 있을지, 그리고 2나노 초기 개발 과정에서 TSMC의 GAA 적용이 순조로운지 여부에 주목할 필요가 있습니다.

반도체 주식 투자자라면
꼭 알아야 할 것들

이 책에서 다룬 내용을 간단하게 정리했습니다.

향후 반도체 주식 투자에서 높은 수익률을 거두는 데 도움이 되기를 바랍니다.

반도체 주식 투자 포인트 1 메모리 반도체 산업의 중요한 5가지 특징은 ① 성숙 산업, ② 범용 제품 산업, ③ 자본 집약적 산업, ④ 전형적인 사이클 산업, ⑤ 업황 변동이 큰 산업이란 점이다.

반도체 주식 투자 포인트 2 메모리 반도체는 범용 제품이므로 가격이 장기적으로 하락할 수밖에 없고, 따라서 이익을 내기 위해 원가 절감이 중요하다.

반도체 주식 투자 포인트 3 칩당 원가 절감을 위해서는 생산량 증가와 미세공정 전환을 위한 대규모의 자본 지출이 불가피하다. 따라서 반도체 원가 중 감가상각비 등 고정비의 비중이 매우 높다.

반도체 주식 투자 포인트 4 고정비 비중이 높으므로 가격이 하락해도 생산량을 줄이기 어렵다. 따라서 반도체 불황은 빠른 시간 내에 회복되기 어렵다. 반면 가격 낙폭이 클수록 업황 회복이 가까워졌다는 의미이다.

반도체 주식 투자 포인트 5 메모리 반도체 산업에서는 호황 → 자본 지출 증가 → 불황 → 자본 지출 감소 → 호황의 사이클이 무한 반복된다.

반도체 주식 투자 포인트 6 메모리 반도체는 사이클 산업이다.
첫째, 무조건적인 장기 투자보다 사이클을 이용한 매매가 훨씬 큰 수익률을 얻을 수 있다.
둘째, 업황의 업다운은 반드시 발생하므로 수요, 공급 측면에서 약간의 변화가 나와도 주가는 이를 즉시 반영한다.
셋째, 메모리 반도체 업황과 업체들의 실적은 상승과 하락을 반복하므로 높은 밸류에이션 배수를 부여받기 어렵고 밸류에이션 배수 자체의 변화도 심하다.

반도체 주식 투자 포인트 7 배추처럼 대체재가 없는 메모리 반도체는 가격 및 업황의 변화 폭이 크므로 이를 반영하는 주가의 변화 폭도 크다. 즉 메모리 반도체에 대한 주식 투자는 고위험 고수익이다.

반도체 주식 투자 포인트 8 주가를 구성하는 2가지 요소는 주당 순이익(EPS), 주당 순자산가치(BPS)와 같은 주당 가치와 주가수익비율(P/E), 주가순자산비율(P/B)과 같은 밸류에이션 배수이다.

반도체 주식 투자 포인트 9 모든 주식에서 주당 가치에 영향을 주는 요소는 그 회사의 실적이다.

반도체 주식 투자 포인트 10 한 회사에 적용되는 밸류에이션 배수의 상승과 하락은 첫째, 매크로 경기 전망, 둘째, 해당 산업의 성장성, 셋째, 해당 회사의 경쟁력이 좌우한다. 이 중 반도체 주식 밸류에이션 배수에 가장 큰 영향을 주는 것은 경기 요인이다.

반도체 주식 투자 포인트 11 경기선행지표들은 메모리 반도체 업황을 6개월 이상 선행한다. 이는 경기선행지표들이 향후 메모리 반도체에 대한 수요를 미리 알려 주기 때문이다.

반도체 주식 투자 포인트 12 반도체 업황 및 업체들의 실적을 선행하는 것은 주가가 아니고 경기선행지표들이다. 미래 업황과 실적을 반영하는 주가는 이러한 경기선행지표들과 동행하는 것이다.

반도체 주식 투자 포인트 13 반도체 주가를 정확하게 예측하기 위해서는 무엇보다도 경기선행지표들이 앞으로 어떻게 움직일 것인지를 전망해야 한다.

반도체 주식 투자 포인트 14 반도체 밸류에이션 배수 및 주가와 깊은 연관성을 가진 경기선행지표는 첫째, 전 세계 유동성 전년 동기 대비 증감률, 둘째, 미국 ISM 제조업지수, 셋째, 중국 신용자극지수이다.

반도체 주식 투자 포인트 15 2021년 3월 이후로 하락 중인 전 세계 유동성 전년 동기 대비 증감률이 추세적으로 상승 반전한다면, 반도체 주가 역시 장기 상승 국면에 진입할 것이다.

반도체 주식 투자 포인트 16 미국의 긴축 및 금리 인상이 전 세계 경기와 반도체 주가에 미치는 악영향을 가장 잘 나타내는 경기선행지표는 미국의 ISM 제조업지수이다.

반도체 주식 투자 포인트 17 중국의 경기 및 IT 수요 강도를 미리 알려 주는 대표적인 지표는 중국 신용자극지수이므로, 반도체 투자에서 동 지수를 꾸준히 관찰하는 것은 매우 중요하다.

반도체 주식 투자 포인트 18 반도체 주식 투자에서 가장 효과적인 방식은 주가의 추세적 방향성을 확인하는 도구로 경기선행지표들을 활용하는 동시에 각 주식의 역사적 밸류에이션 밴드를 이용해서 저점에서 분할 매수하고 고점에서 분할 매도하는 것이다.

반도체 주식 투자 포인트 19 반도체 주가의 상승과 하락 사이클은 보통 1년 반에서 2년 정도 이어지므로 반도체 주식에 대한 투자 기간은 최소 1년 이상이 필요하다.

반도체 주식 투자 포인트 20 반도체 주식 투자에 이용하는 밸류에이션 방식은 고점과 저점의 역사적 일관성 및 경기선행지표들과의 높은 연관성이라는 측면에서 P/B 방식이 가장 적절하다.

반도체 주식 투자 포인트 21 1년 이상의 장기 투자를 위한 반도체 주식 매수 결정 과정은 다음과 같다.

첫째, 경기선행지표들이 사이클상 하락의 말기 또는 상승의 초기에 있는지를 확인한다.

둘째, 시장에서 가장 보수적인 BPS를 채택하여 현재 주가의 P/B 배수를 도출한다.

셋째, 현재 P/B 배수가 반도체 업체들의 역사적인 P/B 밴드상 어느 수준에 있는지를 확인한다.

넷째, 현재 P/B 배수가 역사적 저점 배수들의 평균값(삼성전자 1.10배, SK하이닉스 0.95배)에 근접해 있다면 주가 하락 시마다 분할 매수를 개시한다.

반도체 주식 투자 포인트 22 반도체 주식 매매를 할 때 두 회사 중 한 회사를 선택해야 할 경우, 상승기와 하락기 모두에서 삼성전자보다 SK하이닉스의 주가 변동폭이 크다는 점을 고려해야 한다.

반도체 주식 투자 포인트 23 반도체 주식 매도 결정 과정은 다음과 같다.

첫째, 현재 경기선행지표들이 사이클상 상승의 말기 또는 하락의 초기에 있는지를 확인한다.

둘째, 시장 평균값에 해당하는 BPS를 채택해 현재 반도체 주가의 P/B 배수를 도출한다.

셋째, 현재 배수를 과거 주가 상승기의 고점 P/B 배수들과 비교한다.

넷째, 현재 P/B 배수가 평균 고점 배수(삼성전자 2.14배, SK하이닉스 1.97배)에 근접 중이라면 점진적인 분할 매도를 개시한다.

반도체 주식 투자 포인트 24 향후 중기 반도체 업황과 주가 흐름을 전망해 보면, 반도체 업황은 경기선행지표들과 주가를 후행하며 2023년 하반기부터 본격적인 회복세를 보이고, 추세적인 반도체 주가의 상승은 2023년 1분기 말 이전에 시작될 전망이다. 주가의 추세 상승 이전에 중국 IT 수요 증감률의 상승 등을 반영하여 베어마켓랠리가 발생할 가능성이 있다.

반도체 주식 투자 포인트 25 삼성전자, SK하이닉스 주가의 변동은 미래 반도체 업황과 양 사 자본 지출의 변동을 의미하므로, 자본 지출 변동에 실적이 좌우되는 소부장 업체들의 주가는 양 사 주가와 동행할 수밖에 없다. 따라서 소부장 주식들에 대한 투자는 반도체 주식과 같은 방식으로 해야 한다.

반도체 주식 투자 포인트 26 소부장 주식 매수 시에는 높은 수익률을 위해 신제품을 개발했거나, 핵심 부문에서 국산화 완료 단계에 있거나, 해외 반도체 업체들로 고객 베이스를 확대 중인 회사들을 선별할 필요가 있다.

반도체 주식 투자 포인트 27 현재 시장 점유율, 투자 규모, 고객 확보 상황을 감안하면 삼성전자가 파운드리 부문에서 TSMC와의 격차를 단기에 좁힐 가능성은 높지 않다.

반도체 주식 투자 포인트 28 GAA를 채택하면 원가와 집적도를 잃는 대신 속도가 빨라지고 소비 전력이 절감되는 장점이 있다. 따라서 만약 삼성전자가 3나노 GAA 공정에서 높은 수율과 경쟁력 있는 가격을 고객들에게 제시한다면 동사 시장 점유율이 상승할 가능성이 있다.

반도체 주식 투자 포인트 29 2025년 양산이 예상되는 2나노에서 처음 GAA를 채택하는 TSMC가 이미 3나노에서 생산 경험이 있는 삼성전자보다 더 어려움을 겪는다면, 삼성전자 주가에 적용되는 밸류에이션 배수는 TSMC와의 격차를 좁히면서 한 단계 상향 조정될 수 있을 것이다.